Hi-pi^e

연희동 작은 이웃 하이파이의 시그니처 파이 레시피

Prologue

우연한 기회로 제과를 배우고, 소질이 없을 거라 장담했던 말이
무색하게 제과 일을 시작한 지 10년이라는 시간이 지났습니다. 기존에
운영하던 파티세리보다 조금 더 편하게 장사하고 싶다는 어쭙잖은
마음으로 시작했던 '하이파이*Hi-Pie*' 또한 벌써 3년이 됐네요. 장 보러
오며 가며 마주한 연희동이 그저 좋아 선택한, 연고도 없는 이곳에서
이제는 동네 주민분들이 믿고 찾아주는 파이 전문점으로 자리
잡았습니다. 덕분에 요즘은 연희동에 소속감을 느끼며 부쩍 일하는
즐거움도 늘었답니다. 연희동에 살아서 이름이 희동이인 멍멍이
친구를 포함한 오둥이들과 제가 행복해지기를 진심으로 바라는
오둥이 언니들, 늘 따뜻함을 나누는 마음으로 힘든 페브 작업을
해주시는 오자 크래프트 오자 작가님과 제비님까지… 일일이 나열할
수는 없지만 연희동으로 맺어진 인연들 모두 감사합니다. 파이 많이
팔아서 연희동에 오래오래 있고 싶어요!

늘 옆에서 함께해 주는 친동생이 하이파이를 오픈하고 6개월 정도
지났을 무렵 문득 저에게 그러더군요. 왜 사람들이 파이 전문점을 안
하는지 알겠다고요. 품질 좋은 버터를 기본으로 재료를 아끼지
않고 손도 많이 가는데 소박한 겉모습만을 보고 비싸다고
말하는 고객을 만나면 기운이 빠지고 힘이 든다고요.
그래도 정직하게 작업하는 저희의 정성과 재료의
퀄리티는 결국 알아주실 거라 믿었습니다.
한 번의 경험만으로도 단골이 되어주신
여러 손님들의 격려에 중간에 포기하고

싶었던 마음을 몇 번이나 다 잡으며
여기까지 오게 됐어요. 힘든 길을 걸으며
잘 버텨준 제 자신과 동생이 너무나 고맙게 느껴집니다.
또 얼굴은 마주할 수 없지만 택배로 만나는 단골손님들께도 덕분에
힘든 시간 잘 버틸 수 있었다고 감사의 인사를 전하고 싶어요.
진심으로 고맙습니다.

퇴유타주는 크루아상과는 다르게 이스트가 들어가지 않고 오롯이
버터층과 밀가루층을 겹겹이 쌓아야만 잘 부풀어 오릅니다. 그래서
매번 층을 만들 때마다 반죽 상태를 신중하게 살피고 반죽을 밀고
접으며 잘 부풀기를 바라며 작업을 하죠. 종종 마음이 틀어져 반죽이
삐뚤게 접히는 날에는 어김없이 틀어져 버리기 때문에 제과 중에서도
참 정직한 제품이라고 자부합니다.

제과를 하면서 가장 많이 느끼는 것은, '먹는 건 그냥 맛있어야 해!'
입니다. 맛이 있으려면 만들 때 왜 이런 과정을 거쳐야 하는지
완벽하게 이해하고 재료가 가진 성질을 잘 활용해야 해요. 여기에 맛을
그려내는 정성이 더해지면 결국 맛있는 제품이 나오기 마련이죠!
또 파이의 겉모습은 클래식하고 수수하지만 어떻게 표현하느냐에
따라 맛은 화려해질 수 있습니다.

파이 전문점을 오픈하기로 결정했을 때 궁금한 부분들을 해결하고자
자료나 책을 찾아보곤 했지만 국내에는 파이에 대해 자세히 다루는

책이 없어 아쉬운 마음이 컸습니다. 맨땅에 헤딩하듯 작업을
하면서 느낀 점이나 노하우 등을 더해 파이의 베리에이션이 이렇게
다양하다는 것을 소개하려 합니다. 너무 깊게 들어가면 퍼유타주를
만드는 것 자체가 어렵게 느껴지기에 가볍게 다뤘으니 책에 싣지 못한
제품들은 하이파이 매장에서 즐겨주세요!

제과를 처음 시작할 때 마흔 전에 꼭 책을 내고 싶다는 마음이
있었는데 벌써 세 번째 책을 출간하게 되었네요.
두 번째 책을 쓰면서 다시는 책을 내지 않겠다 다짐했는데… 편안한
마음으로 작업할 수 있도록 기회를 주신 아이엔지북스 대표님과
MBTI가 세 개나 다르지만 어딘가 모르게 취향이 꼭 닮은 희나
에디터님 덕분에 정말 즐겁게 책을 마무리할 수 있었습니다.

행복하게 작업했던 마음이
책에도 고스란히 담기길 바라며!

2024년 4월 1일 김다해

Contents

Notes

달걀물

달걀노른자는 단독으로 사용하면 발림성이 떨어지기에 우유, 생크림과 같은 유지방을 섞어 사용한다. 좀 더 선명한 색을 낼 수 있으며 바르기가 용이하다. 집에서 만들 경우 달걀 전체를 사용해도 좋지만 색이 흐리게 나온다. 달걀 전체를 사용할 때는 알끈을 제거하고 체에 거르면 발림성이 좋아진다. 하이파이에서는 달걀노른자와 생크림(또는 우유)을 10대 1 비율로 섞어 사용한다. 파이의 겉껍질을 진하고 예쁜 색으로 만들기 위해 달걀물을 2회 도포하기도 한다. 1차로 달걀물을 얇게 바르고 냉장실에 보관해 겉을 살짝 말린 뒤 달걀물을 다시 한번 얇게 바른다.

오븐

파이를 구울 때는 컨벡션 오븐을 사용하는 것을 추천한다. 데크 오븐은 위아래만 열을 전달하는 반면 컨벡션 오븐은 대류 현상으로 열을 고루 전달할 수 있다. 더 빠르고 바삭하게 파이를 구울 수 있다는 것도 장점이다.

시럽

기본 보메 30도 시럽
물 1000g : 설탕 1350g

시럽은 파이가 구워져 나오자마자 뜨거울 때 발라야 바로 흡수되어 광택감이 살고 단맛을 더할 수 있다. 퐈유타주는 자체에 당도가 없는 배합이기 때문에 이 과정은 생략하지 않도록 한다. 조금이라도 지체되면 시럽이 겉돌아 파이 맛에 영향을 준다. 30보메 시럽보다 낮은 당도의 시럽을 사용하면 파이에 코팅되지 않고 파이 안쪽으로 수분이 스며들어 파이가 눅눅해진다.
하이파이에서는 물 1kg과 설탕 1.3kg의 비율로 만들며 쇼송 오 폼므에만 특별히 레몬 껍질을 인퓨징한 향긋한 시럽을 사용하고 있다. 30보메 시럽은 높은 당도로 쉽게 상하지 않기에 한번에 넉넉한 양을 만들어 냉장 보관해 사용하면 좋다.

Notes

◀ 크렘 파티시에의 다양한 변주 ▶

크렘 파티시에는 '제과사의 크림'이라는 뜻으로 다양한 변주가 가능하다.
만드는 사람의 취향에 따라 본인의 색깔을 표현하기에 좋은 크림이다.
이 책의 파이 레시피에서도 크렘 파티시에의 다양한 베리에이션을 다룬다.

● 크렘 레제 *Crème legere*

**크렘 파티시에 *Crème pâtissière* +
크렘 푸에테 *Crème fouetté*
또는 크렘 샹티이 *Crème chantilly***

크렘 푸에테는 생크림만을 휘핑한 것을 말하고
크렘 샹티이는 생크림에 약 8~12%의 설탕을
더해 휘핑한 것을 말한다. 크렘 레제는 크렘
파티시에에 휘핑한 생크림을 더한 것을 말한다.
레제는 '가볍다'는 뜻으로 이름처럼 가벼운
식감의 품목과 잘 어울리며 우리가 일반적으로
알고 있는 슈크림을 의미한다.

● 크렘 프랑지판 *Crème frangipane*

크렘 파티시에 + 크렘 다망드 *Crème d'amande*

크렘 다망드는 아몬드를 이용한 크림이다.
달걀이 들어가기 때문에 충전물로 사용 시
꼭 익혀서 먹도록 한다. 크렘 파티시에에 크렘
다망드를 섞으면 조금 더 부드러워지고 고소한
맛이 배가된다. 두 가지 크림의 비율을 취향에
따라 조절해 사용하도록 한다.

● 크렘 디플로마트 *Crème diplomate*

**크렘 파티시에 +
크렘 푸에테 또는 크렘 샹티이 + 젤라틴**

크렘 디플로마트는 크렘 레제와 비슷하지만
젤라틴이 들어간 것을 말한다. 크렘 레제와 크렘
디플로마트는 구성이 비슷해 혼용해 부르기도
한다. 젤라틴 덕분에 크림 자체에 구조력이 있어
형태가 유지되는 품목에 어울린다.

● 크렘 시부스트 *Crème chiboust*

크렘 파티시에 + 이탈리안 머랭

시부스트는 생토노레 *Saint-honoré*를 처음
개발한 제과사의 이름이다. 크렘 시부스트는
생토노레에 전통적으로 사용되는 크림으로
크렘 파티시에에 달콤한 이탈리안 머랭을 섞어
만든다. 머랭으로 인해 크림이 빠르게 삭고
묽어지기 때문에 만든 즉시 사용하는 것이 좋다.

Hi-pie

◀◀◀ **Ingredients** ▶▶▶

🔵 **밀가루**

퇴유타주 반죽의 뼈대. 목적에 따라 박력분만을 사용하거나 박력분과 강력분을 적절한 비율로 배합해 사용한다.

밀가루는 주로 글리아딘*Gliadin*과 글루테닌*Glutenin*이라는 단백질로 구성되어 있다. 이 두 가지는 수분과 만나 결합하고 단백질 변성에 의해 글루텐으로 변화한다. 밀가루 반죽에서 글리아딘은 점성과 신장성, 글루테닌은 탄력성에 관여한다. 적당히 생성된 글루텐은 파이 반죽이 잘 부풀어 오를 수 있도록 돕는다. 또 단백질 함량에 따라서 박력분, 중력분, 강력분으로 분류한다. 퇴유타주 반죽에 강력분을 사용하면 좀 더 힘있게 잘 부풀어 오르고 볼륨감이 좋은 파이 결을 얻을 수 있다. 그렇지만 탄성이 좋아서 반죽을 밀 때 수축이 일어나기 쉽기 때문에 충분한 휴지 시간이 필요하다. 박력분을 사용할 경우에는 강력분을 쓸 때보다 파이 결의 볼륨감이 줄어들고 가벼운 식감을 표현할 수 있다.

하이파이에서는 가볍고 섬세한 파이 결을 선호하기에 박력분만 단독으로 사용하고 있지만 취향에 따라 강력분 또는 중력분을 섞어 사용해도 좋다. 강력분을 함께 사용할 때는 박력분과 강력분의 비율이 1대 1을 넘지 않는 것이 작업성과 파이의 식감에 좋다. 또 강력분은 박력분보다 수분을 더 필요로 하기 때문에 데트랑프를 만들 때는 반죽의 상태를 보며 수분 양을 늘린다. 이렇게 반죽에 물을 더해 신장성을 돕게 되면 밀어 펴기가 훨씬 수월해진다.

● 버터

버터의 함량이 높은 파이는 사용하는 버터에 따라 맛을 좌우한다고 해도
과언이 아니다. 버터는 쇼트닝성이라 부르는, 쿠키나 파이가 쉽게 부서지게
만드는 성질을 가지고 있다. 이러한 성질은 반죽의 글루텐 생성을 막거나
끊어주는 역할을 하며 반죽을 밀어 펴는 과정에서 부드럽게 늘어날 수 있도록
돕는다. 베이킹에서는 특별한 요청이 없는 한 무염 버터를 기본으로 사용한다.
보통 발효 버터를 사용하면 좀 더 깊이 있고 유니크한 풍미의 파이를
만들 수 있다.

① 롤 버터 *Roll butter*

슬라이스하기 간편한 원통형 모양의 버터로 유지방 함량은 약 82%이다.

② 페이스트리 버터 *Pastry butter*

푀유타주나 크루아상처럼 반죽 안에 버터를 롤링 *Rolling*할 때 사용하며 얇고
납작한 형태의 버터를 말한다. 롤인 버터, 판 버터, 드라이 버터라고도 부른다.
일반 버터에 비해 수분량이 적어 파삭한 식감을 내기에 좋다.
유지방 함량은 약 84%이고 일반 롤 버터보다 녹는점이 2~3℃ 정도 높아
작업성이 더 뛰어나다.

● 식초

푀유타주 반죽은 기본적으로 휴지 시간이 길고 습도가 높은 냉장고에
보관하는 특징 때문에 반죽에 수분이 많이 생긴다. 식초는 이렇게 수분이
많은 반죽의 산화를 지연시켜 반죽의 사용 기한을 늘려주는 역할을 한다.
또한 식초의 산성 성분은 반죽의 글루텐을 느슨하게 만들어 밀어 펴는 과정이
수월하도록 돕는다.

● 소금

일반적으로 천일염을 사용한다. 소금은 반죽의 간을 맞추는 동시에 반죽을
더 탄력 있게 만드는 역할을 한다. 생각보다 많은 양의 소금을 사용하는데
자체적으로 줄일 경우 반죽의 힘이 떨어질 수 있으므로 주의한다.

Part 1

feuilletage

제법

Feuilletage classique
일반적인 파이 반죽

일반적인 파이 반죽은 데트랑프*Détrempe*로 버터를 감싼 후 반죽을 밀어
펴고 접는 투라주*Tourage* 과정을 반복해 버터와 데트랑프층을 만드는 것이
특징입니다. 데트랑프는 밀가루에 물을 넣고 섞어 하나로 뭉친 반죽을 말해요.
이 파이 반죽은 다른 반죽에 비해 밀어 펴기가 쉽고 상온에서 잘 녹지 않아
작업성이 좋다는 것이 장점인데요. 앵베르세 파이 반죽과 비교하면 버터 양이
적기 때문에 수분이 많은 재료를 사용하는 파이에는 적합하지 않아요.
또 접는 횟수가 많아 자칫하면 버터층이 뭉개져 딱딱한 식감으로
느껴질 수 있으니 주의해야 합니다.

Step 1 ▸▸ 데트랑프와 속 버터 준비하기

데트랑프 *Détrempe*

● Ingredients
물 130g, 화이트 비니거 또는 식초 5g, 박력분 300g,
포마드 버터(15~18℃) 25g, 소금 4g

원하는 식감에 따라 박력분과 강력분을 적절한
비율로 섞어 사용할 수 있다. 강력분을 섞어
사용할 경우에는 수분을 좀 더 흡수하므로
반죽에 들어가는 수분 양을 소량 늘리도록 한다.
필수적인 것은 아니지만 반죽이 너무 되직하면
밀어 펴기가 어려울 수 있다.

1 ▸ 차가운 물에 식초와 소금을 넣고 어느 정도 녹을 때까지 섞은 뒤 차갑게 냉장 보관한다.

2 ▸ 볼에 박력분과 포마드 버터를 넣고 ①을 부어 고무 주걱으로 대강 섞는다.

완전히 매끈한 상태로 반죽을 마무리하면
밀가루의 글루텐이 활성화되면서 수축이 일어나
밀어 펴기 어려워진다.

3 ▸ 밀가루와 버터, 수분이 한데 어우러지면 손으로 볼의 벽면을 닦아내듯 반죽해 한 덩어리로 만든다.

4 ‣ 볼에서 반죽을 꺼내고 가볍게 한 덩어리로
뭉친다.
5 ‣ 튼튼한 벤치비닐 위에 반죽을 올리고
칼로 십자 모양을 내 ❹의 과정 중에 뭉치면서
생기는 글루텐을 한 번 끊어준다.

6 ‣ 반죽을 손으로 살짝 펴고 벤치비닐로 감싼 뒤 밀대를 이용해 네모 모양으로 만든다.

Tip
휴지의 목적은 믹싱 과정에서 생긴 글루텐을
안정화시키면서 반죽을 밀어 펴기 좋은 상태로
만드는 데 있다. 반죽이 얼기설기 뭉쳐 있는 상태에서
충분히 휴지시키면 어느 정도 수분이 퍼지면서
반죽의 상태가 밀어 펴기 좋을 정도로 부드러워진다.

7 ‣ 냉장실에서 최소 30분~1시간 이상 충분히
휴지시킨다.

속 버터 *Beurre*

● Ingredients

파이용 드라이 버터 200g

1 ▶ 튼튼한 벤치비닐 위에 12~16℃ 정도의 가소성 있는 드라이 버터를 올린다.

2 ▶ 벤치비닐로 감싸고 밀대로 두들겨 약 15cm 정사각형으로 모양을 잡은 뒤 냉장실에 보관한다.

Step 2 ▸▸ 투라주 *Tourage*

너무 차가운 상태의 속 버터를 사용할 경우 밀었을 때 데트랑프 속에 버터가 고루 펴지지 않고 깨지게 된다. 버터의 결이 깨지면 데트랑프와 버터를 고르게 쌓을 수 없어 결이 없는 부분이 생기기 쉽다. 따라서 버터는 상온에 꺼내두어 온도를 높인 후 작업하는 것이 좋다.

● Ingredients

데트랑프(3~7℃), 속 버터(7~13℃), 덧가루용 밀가루

1 ▸ 바닥에 덧가루를 살짝 뿌리고 충분히 휴지시킨 데트랑프 반죽을 올린다.

2 ▸ 밀대를 이용해 속 버터보다 약 2배 길게, 동일한 폭으로 민다.

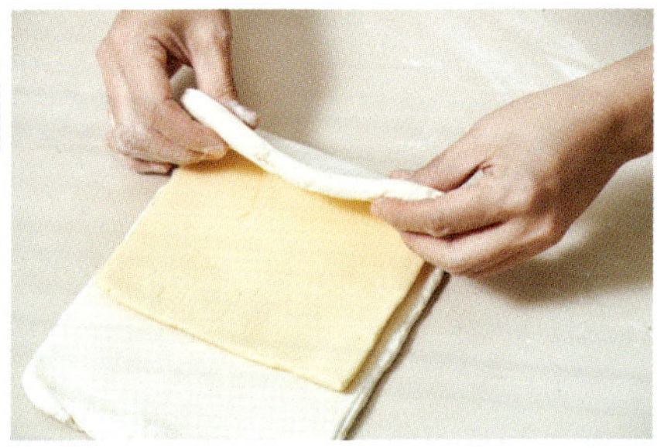

3 ﹕ 데트랑프 위에 속 버터를 올린 뒤 데트랑프로 감싼다. 데트랑프와 속 버터가 잘 붙을 수 있도록 밀대로 위와 아래, 옆을 잘 눌러 밀착시킨다.

4 ﹕ 반죽을 폭의 약 3배 길이로 민다.

5 ▸ 반죽의 덧가루를 충분히 털고 3절 접기를 1회 한다.

6 ▸ 반죽을 90° 회전하고 다시 폭의
약 3배가 되도록 민다.

7 ▸ 반죽의 덧가루를 충분히 털고 3절 접기를 2회 한다.

8 ▸ 반죽이 마르지 않도록 비닐로 감싼 뒤 냉장실에서 최소 2시간 휴지시킨다.

> **Tip**
>
> 1일 차에 데트랑프를 충분히 휴지시켰고 2일 차에 반죽을 다루는 속도가 빠를 경우 3절 접기 2회 대신 3절 접기 3회 후 휴지시키면 작업 시간을 조금 더 단축할 수 있다. 2회 차에 반죽을 밀었을 때 수축이 일어나지 않고 미는 대로 반죽의 텐션이 유지된다면 1회 더 추가해도 괜찮다.

9 ▸ 반죽을 꺼내 ④와 ⑤ 과정을 반복한다. (3절 접기 4회)

10 ▸ 반죽이 마르지 않도록 비닐로 감싸고 냉장실에서 최소 2시간 휴지시킨다.

11 ▸ 반죽을 꺼내 ④와 ⑤ 과정을 반복한다. (3절 접기 5회)

12 ▸ 파이를 만들 때 사용할 최종 두께로 밀고 냉장실에서 최소 2시간 휴지시킨 뒤
원하는 모양으로 재단한다.

일반적인 파이 반죽은 3절 접기를 6회 시행하는 것이 정석이지만 필요한
식감이나 원하는 부풀기 정도, 작업 상황에 따라 접는 횟수를 조절하는
것이 좋다. 그렇지만 최소 4회는 접어야 여러 겹의 버터층에 의해 수분에
강하고 파삭하며 가벼운 파이가 완성된다. 7회 이상 접을 경우 버터의 결이
뭉개져 버터층의 바삭한 식감을 느끼기 어렵다.

접는 횟수에 따른 결의 상태

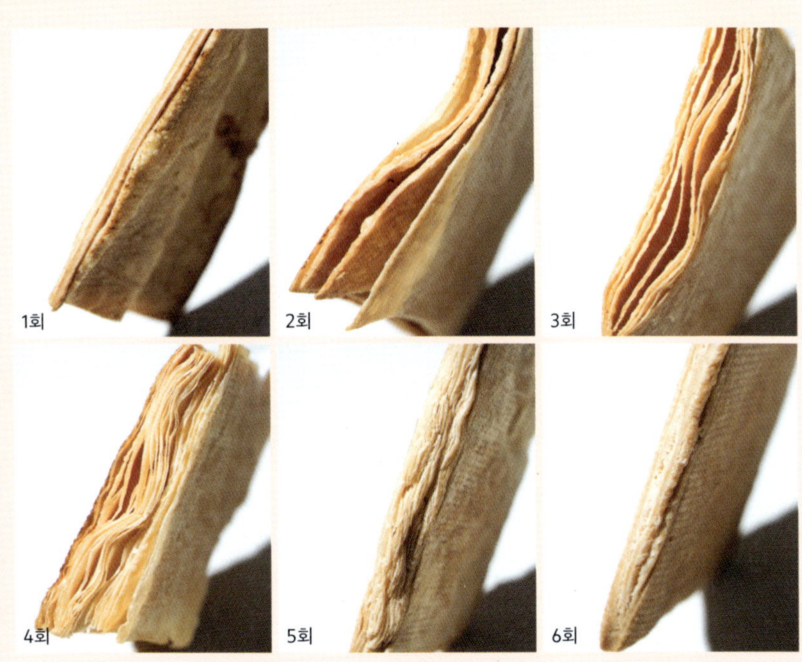

접는 횟수에 따른 레이어 계산법

(겹쳐진 면의 수x접는 횟수)-2

1회 ▸ 3겹(데트랑프+버터+데트랑프)×3절 접기-2 = (3×3)-2 = 7겹

2회 ▸ (7겹×3절)-2 = 19겹

3회 ▸ (19겹×3절)-2 = 55겹

4회 ▸ (55겹×3절)-2 = 163겹

5회 ▸ (163겹×3절)-2 = 487겹

6회 ▸ (487겹×3절)-2 = 1459겹

Part 1

Feuilletage inversé

앵베르세 파이 반죽

앵베르세 파이 반죽은 버터 반죽(Beurre manié)으로 데트랑프를 감싸 만드는 방식입니다. 마니에르*Manier*는 '가공하다', '사용하다'를 의미해요. 버터와 밀가루가 완전히 섞이게 반죽하는 것을 뜻하지요. 앵베르세 파이 반죽은 버터만으로는 데트랑프를 감싸는 작업이 어렵기 때문에 밀가루와 버터를 섞어 버터의 신장성을 키워 작업하는 것이 특징이에요. 일반적인 파이 반죽에 비해 수축이 적게 일어나고 접는 공정이 짧기 때문에 작업성이 좋지요. 작업성을 더 높이려면 반죽 온도가 살짝 높아도 좋아요. 겉의 버터가 냉기를 너무 많이 품고 있으면 겉을 감싸지 못하고 깨져 반죽이 쉽게 갈라지고 그 부분의 결이 쉽게 뭉개지기 때문이에요. 전체적으로 버터의 함량이 높아 먹었을 때 가볍고 경쾌하며 파삭거리는 식감이 매력적이에요. 반죽의 버터가 방수 역할도 해주어 수분이 많은 재료에 잘 어울립니다.

Step 1 ·· 데트랑프와 버터 반죽 준비하기

만드는 법은 21P
일반적인 파이 반죽
데트랑프를 참고해
주세요.

데트랑프 ·

● Ingredients
물 150g, 화이트 비니거 또는 식초 5g, 박력분 330g,
포마드 버터(약 15~18°C) 85g, 소금 6g

1 ▸ 차가운 물에 식초와 소금을 넣고 어느 정도 녹을 때까지 섞은 뒤 차갑게 냉장 보관한다.

2 ▸ 볼에 박력분과 포마드 버터를 넣고 ①을 부어 고무 주걱으로 대강 섞는다.

3 ▸ 밀가루와 버터, 수분이 한데 어우러지면 손으로 볼의 벽면을 닦아내듯 반죽해 한 덩어리로 만든다.

4 ▸ 볼에서 반죽을 꺼내고 가볍게 한 덩어리로 뭉친다.

5 ▸ 튼튼한 벤치비닐 위에 반죽을 올리고 칼로 십자 모양을 내 ④의 과정 중에 뭉치면서 생기는
글루텐을 한 번 끊어준다.

6 ▸ 반죽을 손으로 살짝 펴고 벤치비닐로 감싼 뒤 밀대를 이용해 네모 모양으로 만든다.

7 ▸ 냉장실에서 최소 30분~1시간 이상 충분히 휴지시킨다.

버터 반죽

● Ingredients
파이용 드라이 버터 400g, 박력분 150g

1 ▸ 가소성 있는 상태의 드라이
버터를 2cm 큐브로 썬다.

2 ▸ 볼에 ❶과 박력분을 넣고 대강 어우러질 때까지 손으로 볼의 벽면을 닦아내듯 반죽한다.

3 ▸ 튼튼한 벤치비닐 위에 버터 반죽을 올리고 감싼다.

4 ▸ 밀대를 이용해 15×24cm 직사각형으로 모양을 잡은 뒤 냉장실에서 최소 2시간 휴지시킨다.

Step 2 ·· 투라주

● Ingredients
덧가루용 밀가루

1 ▪ 충분히 휴지시킨 버터 반죽에
덧가루를 살짝 뿌린 후
데트랑프보다 약 2배 길게,
동일한 폭으로 민다.

2 ▪ 덧가루를 털고 버터 반죽 위에 데트랑프를 올린 뒤 버터 반죽으로 감싼다.

3 ▸ 데트랑프와 버터가 잘 붙을 수
있도록 밀대로 위와 아래, 옆을 잘 눌러
밀착시킨다.

4 ▸ 반죽을 폭의 약 4배 길이로 민다.

5 ▸ 반죽의 덧가루를 충분히 털고
4절 접기를 1회 한다.

6 ▸ 반죽을 90° 회전하고 옆면에 칼집을 낸 후 다시 폭의 약 3배가 되도록 민다.

7 ▶ 반죽의 덧가루를 충분히 털고 3절 접기를 1회 한다.

8 ▶ 반죽이 마르지 않도록 비닐로 감싼 뒤 냉장실에서 최소 2시간 휴지시킨다.

9 ▸ 반죽을 꺼내 ④~⑧ 과정을 반복한다. (4절 접기 2회, 3절 접기 2회)

10 ▸ 파이를 만들 때 사용할 최종 두께로 밀고 냉장실에서 최소 2시간 휴지시킨 뒤 사용한다.

Tip 앵베르세 파이 반죽도 일반적인 파이 반죽과 동일하게 3절 접기를 6회 시행해도 무관하다. 그렇지만 겉을 구성하는 반죽에 버터가 많이 함유되어 일반적인 파이 반죽에 비해 온도에 조금 더 예민하고 작업하기 까다로운 부분이 있다. 그래서 4절 접기로 빠르게 결을 형성할 수 있도록 도와주는 방식으로 작업했다. 또한 4절 접기만을 많이 진행하면 반죽을 더 길게 밀어야 한다는 단점이 있는데 결이 많이 생길 시 식감이 좋아지는 것이 아니라 결이 촘촘하게 생겨 오히려 식감이 쉽게 무너질 수 있다.

Feuilletage
à la minute

속성형 파이 반죽

푀유타주 라피드*Feuilletage rapid*라고도 불리며 빠르고 짧은 시간 내에 작업하는
반죽을 말합니다. 일반적인 파이 반죽, 앵베르세 파이 반죽과는 다르게
데트랑프와 속 버터 또는 버터 반죽을 따로 만들어 서로 겹쳐 접지 않고 버터와
밀가루를 한데 섞고 접어 결을 만들지요. 정확한 결을 만들지 않기 때문에
충분히 부풀지 못하고 식감도 단단하며 결이 무딘 편이에요. 대신 버터와
밀가루가 한데 어우러져 글루텐이 쉽게 형성되지 않기 때문에 휴지 시간과 작업
시간이 현저히 짧아져요. 반죽을 빠르게 완성할 수 있다는 게 큰 장점이지요.
푀유타주를 온전히 즐기는 품목보다는 부수적인 요소가 되는 품목에 어울립니다.

Ingredients

물 120g, 파이용 드라이 버터 230g, 박력분 300g, 소금 6g, 덧가루용 밀가루 적당량

1 ▸ 차가운 물에 소금을 넣고 어느 정도 녹을 때까지 섞은 뒤 차갑게 보관한다.

2 ▸ 드라이 버터는 2cm 큐브로 썰고 3~5°C로 차갑게 준비한다.

3 ▸ 볼에 박력분과 ②를 넣고 버터의 모서리가 둥글게 깎이기 시작할 때까지 손으로 섞는다.

4 ▸ ①을 붓고 다시 손으로 반죽이 대강 엉길 때까지 반죽한다.

5 ▸ 튼튼한 벤치비닐에 반죽을 올리고 감싼 뒤 밀대를 이용해 네모 모양으로 만든다.
6 ▸ 냉장실에서 약 30분 정도 휴지시킨다.

7 ▸ 반죽을 꺼내 덧가루를 살짝 뿌리고 폭의 약 3배 길이로 민다.
8 ▸ 반죽의 덧가루를 충분히 털고 3절 접기를 1회 한다.

9 ▸ 반죽을 90° 회전하고 다시 폭의 약 3배 길이로 민다.

10 ▸ ⑧과 ⑨ 과정을 2회 더 반복한다. (3절 접기 2회)

11 ▸ 반죽이 마르지 않도록 비닐로 감싼 뒤 냉장실에서 최소 1시간 휴지시킨다.

12 ▸ 반죽을 꺼내 폭의 약 4배 길이로 민다.

13 ▸ 반죽의 덧가루를 충분히 털고 4절 접기를 1회 한다.

14 ▸ 파이를 만들 때 사용할 최종 두께로 밀고 냉장실에서 최소 2시간 휴지시킨 뒤 사용한다.

Tip

접는 방식과 횟수는 3, 4, 3절 또는 4, 3, 3, 4절 등으로 마무리해도 무관하다. 많은 연습을 통해 감각을 키우는 것이 중요하다. 원하는 식감과 최종 반죽의 레이어 수를 계산해 부푸는 정도를 예상한 뒤 접는 방식과 횟수를 조정하도록 한다.

파이롤러

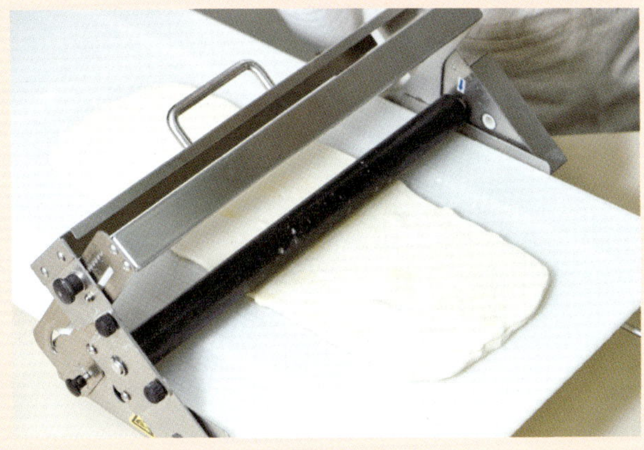

파이롤러에는 전동식 파이롤러와 수동식 파이롤러가 있다. 전동식
파이롤러는 부피가 크고 전기 용량도 크며 가격이 비싸 주로 업장에서
사용한다. 작업 속도가 빠르고 대량 작업이 가능해 작업 속도, 작업장의
온도에 예민한 파이를 좋은 상태로 작업할 수 있다는 것이 장점이다.
수동식 파이롤러(Kneader RS201) 또한 작업 속도를 줄일 수 있고 비교적
가격이 합리적인 편으로 소규모 업장에서 주로 사용한다.

휴지

푀유타주는 휴지 시간을 자주 가져 굽기 전까지 반죽의 모양과 온도가 최상의
상태를 유지할 수 있도록 한다. 그래야만 결과물의 완성도 또한 높다. 반죽이
상온에 오래 방치된 경우라면 다음 과정으로 가기 전 최소 10분 정도는
냉장실에서 휴지시키도록 한다.

반죽을 재단하기 전에도 반드시 충분한 휴지 시간을 갖는 것이 좋다. 휴지
시간을 주지 않으면 재단 중 수축이 일어나고 또 구우면서 수축이 생겨 원하는
크기보다 작아지기 때문이다.

냉장실에서 휴지시키는 이유는 속 버터와 데트랑프가 만났을 때 반죽의
온도가 높으면 속 버터의 온도가 쉽게 상승하고 그로 인해 데트랑프에 버터가
녹거나 스며들어 파이의 결이 뭉개질 수 있기 때문이다.

재단 및 성형

반죽은 필요한 만큼 재단하고 남은 반죽은 마르지 않도록 비닐로 감싸 냉장
또는 냉동 보관한다. 반죽을 성형할 때는 최종 상태로 밀고 다시 휴지시킨
뒤 사용하고자 하는 크기로 민다. 이때 반죽이 너무 크다고 느껴진다면
반죽을 자른 뒤 폭을 먼저 밀고 그다음 길이를 민다. 길이로 밀다 보면 폭이
많이 수축되기에 생각하는 크기보다 폭을 좀 더 넓게 밀어 편 뒤 길이로
밀도록 한다. 최종 크기로 밀고 난 뒤에는 바로 재단하지 않고 여유가 있도록
넉넉하게 사각형으로 재단해 냉장실에 휴지시킨 뒤 최종 모양으로 재단한다.
이때 휴지의 목적은 반죽을 밀어 펴기 전에 반죽 속 글루텐의 긴장감을
풀어주는 데 있다. 물과 밀가루가 만나면 단백질 변성에 의해 촘촘한 그물망
형태의 글루텐이 생긴다. 글루텐은 원래의 형태로 돌아가려는 성질이 있어
마지막으로 밀었던 방향의 반대로 수축이 일어난다.

보관 방법

최종 두께로 밀어놓은 반죽은 마르지 않게 비닐에 감싼 뒤 밀폐 용기에 담아
냉장실에서 5~7일, 냉동실에서 2주~1개월 보관이 가능하다. 냉동 보관을
했다면 작업성을 위해 반드시 냉장실에서 천천히 해동 후 사용하도록 한다.

파지 활용

커터로 찍고 남은 반죽은 버리지 말고 모아 켜켜이 쌓는다. 남은 반죽은 1회
정도 추가적으로 사용할 수 있다. 그렇지만 식감이 첫 번째 반죽과는 다르게
무디고 단단한 편이다. 이를 두 번째 반죽 또는 파지라고 부르며 푀유타주가
메인이 아닌 품목에 주로 사용한다.

Part 2

Re Pie
cipe
파이
레시피

Chausson aux pommes

쇼송 오 폼므

쇼송*Chausson*은 프랑스어로 '슬리퍼'를 의미합니다.
슬리퍼의 앞부분을 닮아 붙여진 이름이에요. 하이파이의 시그니처 제품으로
사과만 잘 손질해두면 작업하기 좋은 품목입니다.

약 8개 분량

사과 조림

사과 600g, 카소나드 설탕 150g, 버터 50g, 바닐라빈 파우더 1.5g
또는 바닐라 빈 ½개, 옥수수 전분 15g

① 사과는 껍질을 벗기고 1.5cm 큐브로 썬다.

② 냄비에 모든 재료를 넣고 섞은 뒤 센 불로 끓인다.

③ 수분이 나오기 시작하면 중약불로 줄이고 사과가 살캉살캉하게 익을 때까지 가열한다.

④ 원하는 정도로 졸여지면 트레이에 펼쳐 담고 표면을 밀착 래핑해 냉장실에 보관한다.

완성

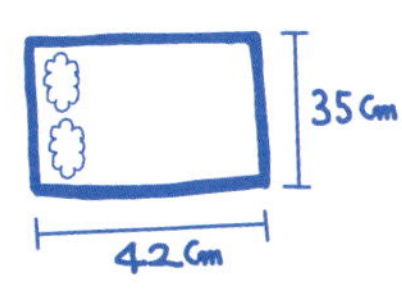

일반적인 파이 반죽(폭 42cm, 길이 35cm, 두께 3mm) 1장,
달걀물·30보메 시럽 적당량

1. 파이 반죽을 쇼송 커터로 찍어 재단하고 냉장실에서 짧게 휴지시킨다.

2. 휴지시킨 반죽에 사과 조림을 55~60g씩 올린다.

3. 반죽을 반으로 접어 붙여 성형하고 냉장실에서 휴지시킨다. 반죽이 잘 붙지 않으면
   약간의 물을 발라 붙인다. 물을 너무 많이 바르면 미끄러워 잘 달라붙지 않는다.

4. 휴지가 끝난 반죽 표면에 얇게 달걀물을 칠한다.

5. 칼등으로 반죽 표면을 긁어내듯 모양을 낸다. 구우면서 터지지 않도록 표면에 작은
   구멍을 내 수증기가 나올 수 있도록 한다.
   Tip 이 과정에서 시간이 많이 지체됐다면 냉장실에 넣어 다시 한번 휴지시킨다.

6. 180℃로 예열한 오븐에 약 40분간 굽는다.

7. 벌어진 파이 결까지 충분히 색이 나면 오븐에서 꺼내고 바로 30보메 시럽을 바른다.

Leaf pie
리프 파이

잎사귀 모양의 리프 파이는 심플하지만 응축된 파이의 결, 바삭바삭한 식감이
훌륭한 파이 중 하나예요. 너무 부풀지 않도록 칼집을 내주어 버터의 풍미와
설탕의 달콤함이 어우러지도록 만들어주세요.

약 10개 분량

일반적인 파이 반죽(폭 40cm, 길이 28cm, 두께 3mm) 1장,
30보메 시럽·흰 설탕·크리스털 슈거 적당량

메이플 리프 파이 메이플 시럽, 메이플 설탕, 브라운 크리스털 슈거

(1) 파이 반죽을 리프 파이 커터로 찍어 재단하고 다시 냉장실에서 짧게
   휴지시킨다.

(2) 반죽 겉면에 30보메 시럽(메이플 시럽)을 바르고 흰 설탕(메이플
   설탕)을 고루 뿌린다.

(3) 크리스털 슈거(브라운 크리스털 슈거)를 고루 뿌리고 냉장실에서 잠시
   휴지시킨 뒤 표면에 칼집을 낸다.
   Tip 표면에 칼집을 내면 파이가 고루 익고 부풀어 오르는 것을 방지할 수
   있다. 또 응축된 파이 결과 함께 버터의 풍미를 잘 전달할 수 있다.

(4) 180℃로 예열한 오븐에 15~18분간 굽는다.

(5) 벌어진 파이 결까지 충분히 색이 나면 오븐에서 꺼낸다.
   Tip 취향에 맞게 파우더 재료를 골라 넣으면 또 다른 풍미의 리프 파이를 만들 수
   있다. 설탕에 시나몬 파우더 등 다른 재료를 섞으면 다양한 맛과 풍미의 파이로
   응용 가능하다.

Yuzu conversation
유자 콩베르사시옹

콩베르사시옹Conversation은 프랑스어로 '대화'를 뜻합니다. 윗면의 글라세를 먹을 때 사각거리는 소리가 대화 소리처럼 들려 붙여진 이름이에요. 유자청 외에 다른 청이나 잼을 넣고 구워도 좋습니다.

약 8개 분량

크렘 다망드

포마드 버터 100g, 달걀(실온) 80g, 설탕 85g,
아몬드 파우더 120g, 박력분 5g

① 볼에 모든 재료를 넣고 핸드믹서로 고루 섞는다.

② 밀착 래핑해 냉장실에서 잠시 휴지시킨다.
   Tip 크렘 다망드를 냉장 휴지 후 사용하면 조금 더
   밀도 있는 묵직한 식감으로 구울 수 있다.

글라스 로열

분당 110g, 박력분 5g, 달걀흰자 23~26g

① 체 친 분당과 박력분에 달걀흰자를 넣고 고무 주걱으로 고루 섞는다.

② 마르지 않도록 바로 사용한다. 바로 사용하지 않을 경우 밀폐 용기에 담아
  냉장실에 보관한다.

완성

두 번째 파이 반죽(30×40cm, 두께 2mm) 1장,
유자청 적당량

① 반죽을 지름 6cm와 7cm 원형, 0.3×8cm 띠 모양으로 재단한다.
완성품 1개당 지름 6cm 1장, 7cm 1장, 0.3×8cm 띠 4장이 필요하다.

② 지름 7cm 원형 반죽을 타르트 틀에 퐁사주한다.

③ 모든 반죽을 냉장실에서 휴지시킨다.

④ 타르트 틀에 퐁사주한 반죽에 유자청을 5~8g씩 넣고 크렘 다망드를 13~15g씩 짠다.

⑤ 지름 6cm 원형 반죽으로 덮어 밀착한다. 이때 잘 붙지 않으면 테두리에 가볍게 물을
발라가며 붙인다.

⑥ 글라스 로열을 스패출러로 얇게 펴 바른다.

⑦ 띠 모양 반죽을 격자무늬로 붙인 뒤 여분의 반죽은 손으로 깔끔하게 정리한다.

⑧ 175℃로 예열한 오븐에 30~35분간 굽는다.

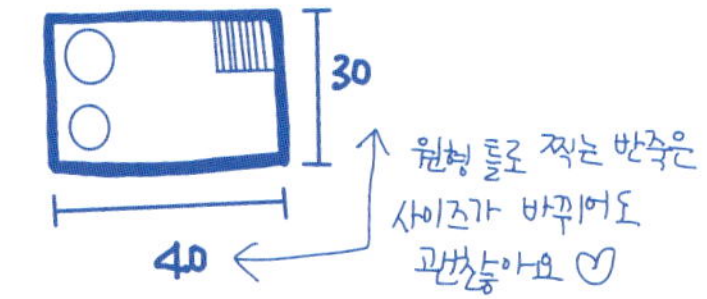

63

Bâton

바통

프랑스어로 '막대기'를 의미하는 바통*Bâton*은 길다란 스틱 형태로 반죽을 성형해 바삭한 식감을 최대한 살려 구운 파이입니다. 작은 스틱을 뜻하는 바토네*Bâtonnet*로 불리기도 해요. 반죽이 구워지면서 수축되기 때문에 폭을 너무 얇지 않게 재단하는 것이 중요해요. 표면에 뿌리는 재료에 따라 다양한 변주도 가능합니다.

약 60개 분량

바통 프로마주

일반적인 파이 반죽(폭 40cm, 길이 30cm, 두께 3mm) 1장,
파르미지아노레지아노 또는 그라나파다노 치즈 적당량, 후춧가루 약간

① 반죽을 2×14cm 크기로 재단하고 냉장실에서 잠시 휴지시킨다.

② 오븐 팬에 패닝하고 치즈를 갈아 올린 뒤 후춧가루를 고루 뿌린다.
Tip 치즈는 취향에 따라 달리 사용 가능하지만 숙성 풍미가 있고 수분이 적은 경성 치즈를
추천한다. 수분이 많은 치즈를 사용할 경우 파이에 수분이 스며들어 식감이 눅눅하게
느껴질 수 있다.

③ 180℃로 예열한 오븐에 약 15분간 굽는다.

바통 세잠

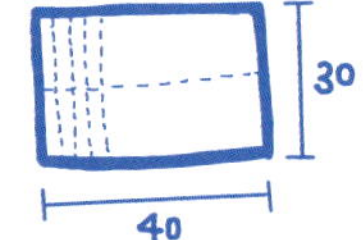

일반적인 파이 반죽(폭 40cm, 길이 30cm, 두께 3mm) 1장,
30보메 시럽·볶은 검은깨·크리스털 슈거 적당량

1. 반죽을 2×14cm 크기로 재단하고 냉장실에서 잠시 휴지시킨다.

2. 오븐 팬에 패닝하고 30보메 시럽을 고루 바른다.

3. 검은깨와 크리스털 슈거를 순서대로 뿌린다.

   Tip 볶은 깨를 사용해야 깨의 고소한 풍미를 살릴 수 있다. 볶은 깨 대신 구운 아몬드를 입자감 있게 다져 사용해도 좋다.

4. 180℃로 예열한 오븐에 약 15분간 굽는다.

Marron pie

마롱 파이

하이파이의 시즈널 품목 중 가장 인기가 많은 마롱 파이는 밤과 꿀,
바닐라 빈의 풍미를 극대화하기 위해 밤에 수분을 더하지 않고 수비드
방식으로 조리합니다. 물에 익힐 경우 밤이 가지고 있는 단맛이 사라지고
시럽으로만 졸이면 삼투압에 의해 식감이 단단해져요. 밤 손질에 오랜 시간을
쏟는 만큼 정성이 가득한 품목이에요.

(약 10개 분량)

밤 조림

껍질 제거한 밤 500g, 30보메 시럽 150g,
우간다 바닐라 빈 ½개, 밤꿀 20g

① 비닐백에 모든 재료를 넣고 진공한다.

② 80℃에서 5~6시간 정도 수비드한다.

③ 액체까지 모두 냄비로 옮겨 밤에 윤기가 날 때까지 중불로 조린다.

④ 밀폐 용기에 담고 밀착 래핑한 뒤 냉장실에서 최소 하루 동안 숙성시킨다.
   Tip 냉장 보관 시 최대 10일 정도 사용 가능하다.

크렘 다망드

포마드 버터 100g, 설탕 95g, 달걀(실온) 90g, 박력분 10g,
아몬드 파우더 110g

1 볼에 모든 재료를 넣고 핸드믹서로 유화시킨다.

2 밀폐 용기에 담고 냉장실에서 최소 반나절 동안 숙성시킨다.
   Tip 냉장 보관 시 7~10일간 사용 가능하며, 냉동 보관 시 해동 후 사용도 가능하다.

크렘 파티시에

우유 100g, 달걀노른자 30g, 설탕 30g, 박력분 10g

① 우유를 따뜻하게 데운다.

② 볼에 달걀노른자와 설탕을 넣고 휘퍼로 블랑시르한 뒤 박력분을 고루 섞는다.
Tip 블랑시르*Blanchir*는 프랑스어로 '희게 하다'라는 뜻으로 제과에서는 달걀과 설탕을 휘퍼로 달걀 색이 밝아질 때까지 충분히 섞는 것을 의미한다.

③ 따뜻하게 데운 우유를 천천히 부어가며 섞는다.

④ 냄비로 옮긴 뒤 저어가며 가열해 호화시킨다.

⑤ 밀폐 용기에 담아 밀착 래핑하고 한 김 식힌다.
Tip 크렘 다망드와 섞는 용도의 크렘 파티시에는 너무 차갑게 식힐 경우 매끄럽게 유화시키기가 어렵다. 버터가 녹지 않을 정도(약 15℃)로 식혀 사용하는 것을 추천한다.

크렘 프랑지판

크렘 파티시에 전량, 크렘 다망드 전량

① 크렘 파티시에는 부드럽게 푼다.

② 크렘 다망드를 넣고 비터를 이용해 저속으로 천천히 섞어 유화시킨다.
Tip 과하게 섞을 경우 크렘 파티시에가 풀어져 크림이 묽어질 수 있으니 주의한다.

③ 표면을 밀착 래핑한 뒤 냉장실에서 최소 반나절 동안 숙성해 사용한다.

완성

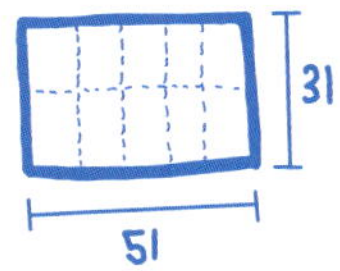

> 일반적인 파이 반죽(폭 51cm, 길이 31cm, 두께 3mm) 1장,
> 달걀물 적당량, 30보메 시럽 약간

1. 반죽은 10×15cm로 재단하고 냉장실에서 잠시 휴지시킨다.

2. 반죽 한쪽에 크렘 프랑지판을 약 25g씩 짠다.

3. 2~4등분한 밤 조림을 약 40g씩 올린다.

4. 반죽으로 덮고 가장자리를 살짝 눌러 붙인 뒤 냉장실에서 잠시 휴지시킨다.

5. 달걀물을 바르고 칼집을 낸다.

6. 180°C로 예열한 오븐에 40~45분간 굽는다.

7. 오븐에서 꺼내고 바로 30보메 시럽을 바른다. 30보메 시럽 대신 밤을 조리고 남은 시럽을 바르면 더 풍부한 밤 맛을 더할 수 있다.

Peanut sacristain

땅콩 사크리스탱

성당 관리인의 지팡이 모양을 닮아 사크리스탱이라는 이름을 붙였다고
합니다. 길다란 막대 모양으로 만든 푀유타주 반죽을 여러 번 꼬아 만들어
다채로운 식감이 돋보이는 파이예요. 단순하게 설탕만 뿌려 구워도 맛있고
다양한 견과류를 더해도 잘 어울립니다.

약 10개 분량

일반적인 파이 반죽(폭 40cm, 길이 20cm, 두께 5mm) 1장,
땅콩 버터·땅콩 크런치 또는 다진 땅콩·설탕 적당량

1. 반죽을 20cm 정사각형으로 2장 재단하고 냉장실에서 휴지시킨다.

    Tip 길이는 크게 상관없지만 폭은 어느 정도 맞춰주어야 꼬아서 구웠을 때 볼륨감을 유지할 수 있다. 반죽은 3mm 두께를 사용해도 무관하다. 반죽이 얇으면 파이의 결이 넓게 펼쳐지지 않아 늘씬한 모양으로 구워지니 상황이나 취향에 맞게 작업하도록 한다.

2. 반죽 1장 위에 땅콩 버터를 얇게 펴 바르고 땅콩 크런치 또는 다진 땅콩을 고루 뿌린다.

3. 나머지 반죽 1장으로 덮고 밀대로 가볍게 눌러 땅콩을 밀착시킨 뒤 냉장실에서 휴지시킨다.

4. 약 2cm 폭으로 재단한다.

5. 반죽을 서너 번 꼬아 모양을 잡고 겉부분에 설탕을 묻힌다.

6. 오븐 팬에 양끝을 잘 눌러 붙여 패닝한다. 반죽 양끝을 잘 붙이지 않으면 구워지면서 반죽이 쉽게 풀어질 수 있다.

7. 180℃ 오븐에 약 18분간 굽는다.

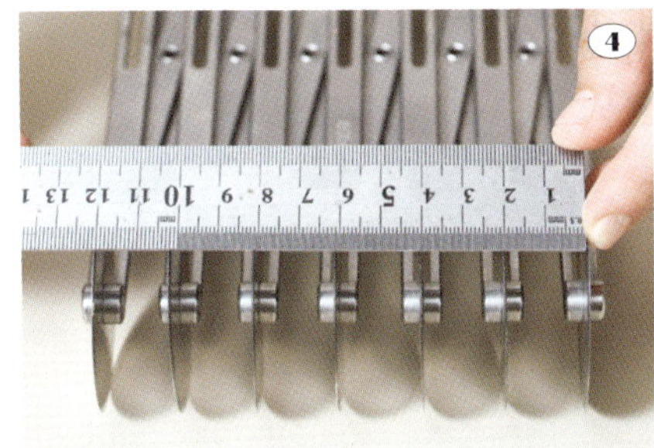
3

4

5

6

Vanilla arlette
바닐라 아를레트

프랑스 남부에서 유래한 회오리 모양의 아를레트는
캐러멜라이징한 얇은 파이를 말합니다. 얇게 반죽을 밀고, 돌돌 말아 반죽을
자르고, 말았던 결을 다시 한번 얇게 밀어 만든 파이예요. 단단하지만
또 쉽게 바스러지는 식감이 특징입니다.

(약 20개 분량)

일반적인 파이 반죽(폭 40cm, 길이 30cm, 두께 3mm) 1장,
바닐라 파우더·설탕 적당량

① 반죽에 바닐라 파우더를 얇게 뿌리고 붓으로 살짝 퍼뜨리며 정리한다.

② 끝에서부터 틈이 생기지 않도록 돌돌 만다.

③ 랩으로 감싸고 냉장실에서 휴지시킨다.

④ 휴지시킨 반죽을 약 2cm 폭으로 썬다.

⑤ 덧가루로 설탕을 뿌려가며 두께 1~1.5mm의 타원형으로 아주 얇게 민다.
Tip 설탕이나 분당을 덧가루로 사용할 경우 냉장 또는 냉동 휴지를 오래하면 설탕이 시럽이 되어
구울 때 쉽게 타거나 구운 후 색이 진하게 나올 수 있다.

⑥ 180℃로 예열한 오븐에 약 10분간 굽는다.

Chocolate arlette

초콜릿 아를레트

남녀노소 누구나 좋아하는 크럼블을 파이 반죽에 넣고
돌돌 말아 구웠습니다. 코코아 파우더를 빼고 구워도 맛있고 크럼블에
시나몬 파우더를 더해도 맛있어요.

초콜릿 크럼블

버터 50g, 아몬드 파우더 45g, 설탕 80g, 박력분 35g,
코코아 파우더 8g, 소금 0.3g, 초콜릿 칩 60g

① 볼에 초콜릿 칩을 제외한 모든 재료를 넣고 손으로 보슬보슬하게 섞는다.
　　Tip 믹서를 사용할 경우 비터를 장착해 섞는다.

② 초콜릿 칩을 넣고 고루 섞는다.

완성

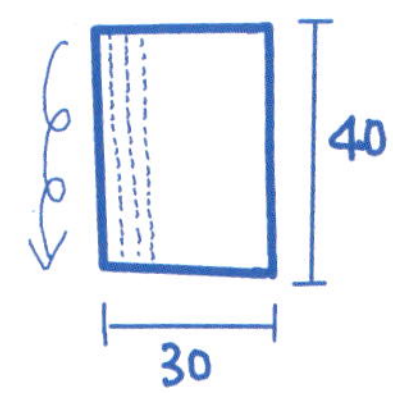

일반적인 파이 반죽(폭 30cm, 길이 40cm, 두께 4.5mm) 1장,
30보메 시럽 적당량, 설탕 약간

① 반죽 끝의 2~3cm 부분을 밀대로 납작하게 눌러 편다.

② 30보메 시럽을 얇게 바르고 초콜릿 크럼블을 고루 뿌린다.

③ 밀대로 살짝 누르고 끝에서부터 10~12cm 정도의 길이로 3번 접어 만다.

④ 래핑한 뒤 냉장실에서 휴지시킨다.

⑤ 겉에 설탕을 얇게 묻히고 약 1cm 폭으로 썬다.

⑥ 오븐 팬에 패닝하고 180℃로 예열한 오븐에 약 23분간 굽는다.

Lemon bichon

레몬 비숑

비숑은 레몬 커드를 가득 넣고 겉에 설탕을 묻힌 뒤 오븐에 구워
캐러멜라이징한 파이를 말합니다. 커드를 넣고 구울 경우 커드의 수분이
파이에 전해져 쉽게 눅눅해질 수 있기 때문에 파이지를 먼저 굽고 레몬 커드
버터크림을 파이핑해 완성했어요. 차갑게 냉동 보관 후 드시면 아이스크림
같은 느낌으로도 즐길 수 있어요! 레몬 대신 다른 시트러스 과일을 사용하면
또 다른 풍미로 변형이 가능합니다.

약 10개 분량

레몬 커드 버터크림

달걀 30g, 레몬즙 40g, 설탕 40g, 옥수수 전분 15g, 버터 100g,
레몬 제스트 3g

① 볼에 달걀, 레몬즙, 설탕, 옥수수 전분을 넣고 휘퍼로 가볍게 섞는다.

② 녹인 버터를 섞고 냄비로 옮겨 중약불에서 82~85℃가 될 때까지 천천히
저어가며 농도를 낸다.

③ 체에 거르고 레몬 제스트를 넣어 가볍게 섞는다.

④ 밀착 래핑해 한 김 식히고 깍지를 끼운 짜주머니에 담는다.

레몬잼

레몬 퓌레 100g, 설탕 40g, 물엿 15g, NH 펙틴 3g

① 냄비에 모든 재료를 넣고 휘퍼로 풀어가며 끓인다.

② 흐르지 않는 정도의 되직한 농도가 될 때까지 끓인다. 완성 텍스처는 찬물에
떨어뜨렸을 때 퍼지지 않고 잘 응고되는지 테스트해보면 알기 쉽다.

완성

일반적인 파이 반죽(폭 30cm, 길이 50cm, 두께 2mm) 1장
포마드 버터 적당량, 설탕 약간

1. 반죽에 포마드 버터를 얇게 바른다.

2. 끝에서부터 돌돌 만 뒤 냉장실에서 휴지시킨다.

3. 약 3cm 폭으로 재단하고 덧가루로 설탕을 뿌린다.

4. 2.5~3mm 두께의 타원형으로 민다.

5. 반죽을 반으로 접고 겉에 설탕을 한 번 더 묻힌다.

6. 오븐 팬에 패닝하고 180°C로 예열한 오븐에 약 20분간 굽는다.

7. 구운 파이의 가운데 부분을 칼로 가른다.

8. 레몬 커드 버터크림을 짜고 중간중간 레몬잼을 올린다.

Part 2

Galette des rois

갈레트 데 루아

'왕의 파이'라고 불리는 갈레트 데 루아는 1월 6일 주현절(Epiphany)에 동방 박사 3인이 아기 예수가 태어난 것을 기리기 위해 함께 모여 먹었던 파이입니다. 원래는 파이 안에 잠두콩을 넣어 구웠는데 19세기 말부터 페브라는 작은 도자기 조각상을 넣고 구운 뒤 잘라서 다 같이 나눠 먹었다고 해요. 파이를 먹다가 페브가 나온 사람은 그날의 왕이 되어 왕관을 쓰고 새해 소원이 이루어지길 바라며 함께 축하하지요. 갈레트 데 루아의 문양은 월계수, 보리수, 태양 등 풍요와 번영을 상징하는 그림을 주로 사용합니다.

(1개 분량)

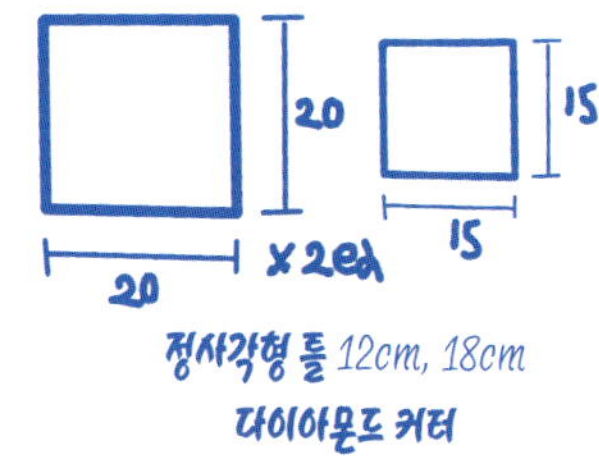

일반적인 파이 반죽(20×20cm, 두께 5mm) 2장,
장식용 반죽(15×15cm, 두께 3mm) 1장,
페브 또는 견과류 1개, 달걀물·30보메 시럽 적당량

크렘 프랑지판74P 참고 크렘 다망드 150g, 크렘 파티시에 50g

① 파이 반죽에 18cm 정사각형 틀을 이용해 가볍게 자국을 내고 그 안쪽으로 중심을
  맞춰 12cm 정사각형 틀로 가볍게 자국을 낸다.

② 짜주머니에 담은 크렘 프랑지판을 12cm 자국 안쪽으로 고루 짠다.

③ 페브를 넣고 다시 크렘 프랑지판으로 덮는다.

④ 반죽 가장자리에 가볍게 물을 바른다.

⑤ 나머지 반죽 1장을 180° 돌려 덮고 공기가 들어가지 않도록 밀착시킨다.
  Tip 반죽은 같은 방향으로 수축이 생기기 때문에 180°로 돌려 덮어 구워야 정사각형 모양이
  나온다. 반죽을 너무 누르면 반죽이 얇아지고 크렘 프랑지판이 바깥으로 밀려 나와 구워지면서
  쉽게 벌어진다.

⑥ 중심을 맞춰 18cm 정사각형 틀로 가볍게 자국을 내고 칼로 반죽을 도려낸다.

⑦ 겉이 단단해질 때까지 냉장실에서 휴지시킨다.

⑧ 장식용 반죽을 다이아몬드 커터로 재단하고 사이사이 간격을 벌린 뒤 냉장실에서
  휴지시킨다.

⑨ 휴지시킨 ⑦은 잘려 나가는 부분을 칼로 표시한 뒤 물을 고루 바른다.

⑩ ⑧을 올리고 가장자리를 칼로 정리해 잘 붙인 뒤 냉장실에서 휴지시킨다.
  Tip 반드시 수증기가 나가는 길을 만들어야 파이가 구워지면서 터지지 않는다.

⑪ 달걀물을 고루 바르고 180℃로 예열한 오븐에 약 60분간 굽는다. 반죽이 두껍기
  때문에 20분간 굽고 파이를 완전히 뒤집어 10분간 더 굽는다. 그 후 파이를 철판으로
  눌러 밀도감을 높여 10분간 굽고 다시 뒤집어 색이 진하게 날 때까지 20분간 굽는다.

⑫ 오븐에서 꺼내고 바로 30보메 시럽을 넉넉하게 바른다.

7
8
9
11
12

Part 2

Matcha pithiviers
말차 피티비에

피티비에는 갈레트 데 루아와 속은 같지만 겉은 꽃 모양을 하고 있습니다. 프랑스 피티비에라는 마을에서 처음 만들어졌다고 해서 파이에 마을 이름이 붙었지요. 프랑스에서 매년 1월 6일 주현절을 기념하며 그 시기에만 찾아볼 수 있는 갈레트 데 루아와 다르게 상시적으로 만날 수 있는 파이입니다.

약 5개 분량

말차 크렘 다망드

크렘 다망드60P 참고 400g, 말차 가루 6g

① 크렘 다망드에 말차 가루를 넣고 고루 섞는다.

② 짜주머니에 담아 보관한다.

체리 콩포트

설탕 120g, NH 펙틴 2g, 체리 200g, 레몬즙 12g

① 설탕과 펙틴을 섞는다.

② 냄비에 체리와 ①을 넣고 센 불에서 되직한 농도가 될 때까지 끓인다.

③ 원하는 농도가 되면 레몬즙을 넣고 마무리한다.

완성

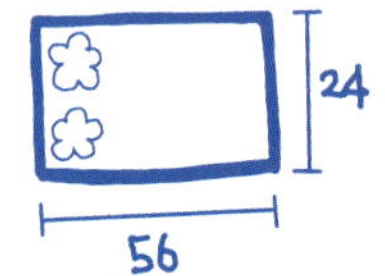

일반적인 파이 반죽(폭 56cm, 길이 24cm, 두께 3mm) 1장,
달걀물·30보메 시럽 적당량

① 반죽을 지름 10cm 벚꽃 모양 커터로 재단한다.

② 말차 크렘 다망드를 약 40g씩 짠다.

③ 반으로 썬 체리 콩포트를 6알씩 올린다.

④ 가장자리에 가볍게 물을 바르고 나머지 반죽 1장을 180° 돌려 덮어 공기가 들어가지
않도록 밀착시킨다.

⑤ 겉이 단단해질 때까지 냉장실에서 휴지시킨 뒤 달걀물을 바른다.

⑥ 성형할 때 바닥 부분에 있었던 면이 위로 올라오도록 오븐 팬에 패닝한다.

⑦ 뾰족한 도구로 한가운데 구멍을 낸다.

⑧ 칼등으로 원하는 문양을 그리고 옆면을 칼등으로 시크테한다.

> **Tip** 시크테Chiqueter는 반죽의 옆면을 칼등으로 눌러 밀착시켜 붙이는 것을 의미한다. 반죽이 함께
> 부풀 수 있도록 도우며 구웠을 때 장식적인 요소가 되기도 한다.

①

②

③

④

9 180℃로 예열한 오븐에 약 35분간 굽는다.

10 오븐에서 꺼내고 바로 30보메 시럽을 넉넉하게 바른다.

Cornet

코르네

코르네Cornet는 프랑스어로 '나팔', '고깔'을 뜻합니다.
고깔 모양으로 구운 파이에 크림을 채워 먹어요. 같은 성형 방법으로
원통형 모양으로 응용해 만들기도 하지요.

약 10개 분량

크렘 파티시에 오 쇼콜라

크렘 파티시에 170g, 버터 8g,
다크 초콜릿(발로나 과하나 70%) 30g

1. 볼에 실온 상태의 크렘 파티시에를 넣고 부드럽게 푼다.
   Tip 크렘 파티시에가 너무 차가우면 버터가 굳고 초콜릿도 유화가
   일어나지 않아 겉돌게 된다.

2. 실온 상태의 버터와 녹인 다크 초콜릿을 넣고 고루 섞는다.

3. 짜주머니에 담아 보관한다.

크림치즈 크림

크림치즈 250g, 설탕 50g, 생크림 80g

① 실온 상태의 크림치즈에 설탕을 넣고 핸드믹서로 섞는다.

② 생크림을 넣고 핸드믹서나 고무 주걱을 이용해 섞는다.

③ 짜주머니에 담아 보관한다.

완성

앵베르세 파이 반죽(폭 40cm, 길이 20cm, 두께 3mm) 1장,
설탕·달걀물·발로나 진주 크런치·다진 쪽파 적당량

① 반죽을 1.5×40cm로 재단하고 냉장실에서 휴지시킨다.

② 고깔 모양, 원통형 틀에 각각 유산지를 말고 반죽을 끝부분이 겹치도록
돌돌 만다.

 Tip 휴지가 충분히 이루어진 반죽은 다 구웠을 때 수축이 일어나지 않을 때가
 있고 버터를 칠해도 틀에서 쉽게 분리되지 않는 경우가 있다. 유산지를 덧댄 후
 구우면 틀에서 쉽게 파이를 분리시킬 수 있다.

③ 원통형 반죽은 설탕을 묻히고 고깔 모양 반죽은 달걀물을 바른다.
 Tip 짭짤한 파이에는 설탕이 어울리지 않아 달걀물을 대신 가볍게 칠한다.

④ 오븐 팬에 패닝하고 180℃로 예열한 오븐에 약 25분간 굽는다.

⑤ 한 김 식으면 틀에서 분리한다.

⑥ 원통형 파이에는 크렘 파티시에 오 쇼콜라를 짜고 양쪽 끝에 발로나
진주 크런치를 붙인다.

⑦ 고깔 모양 파이에는 크림치즈 크림을 채우고 다진 쪽파를 붙인다.

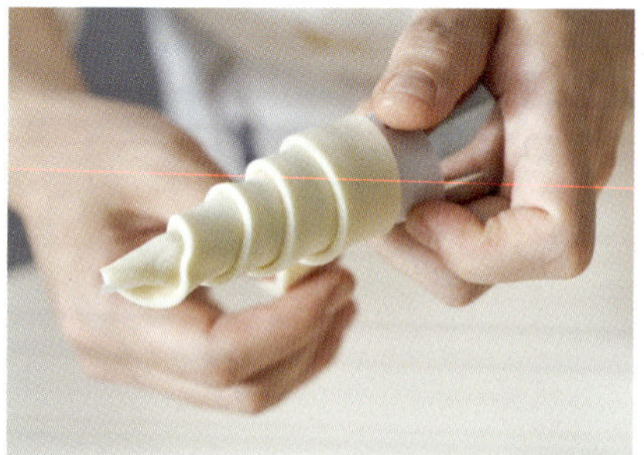

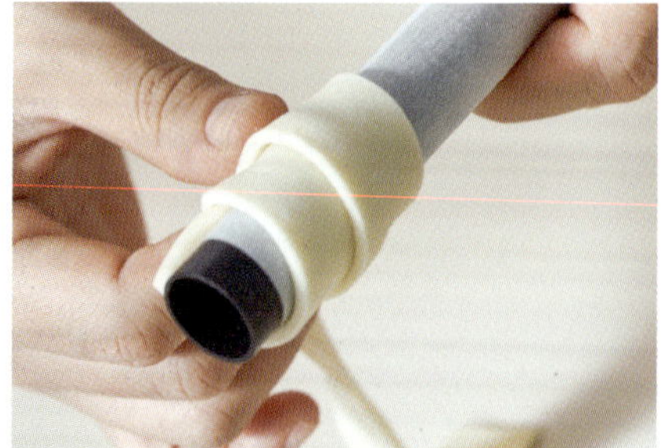

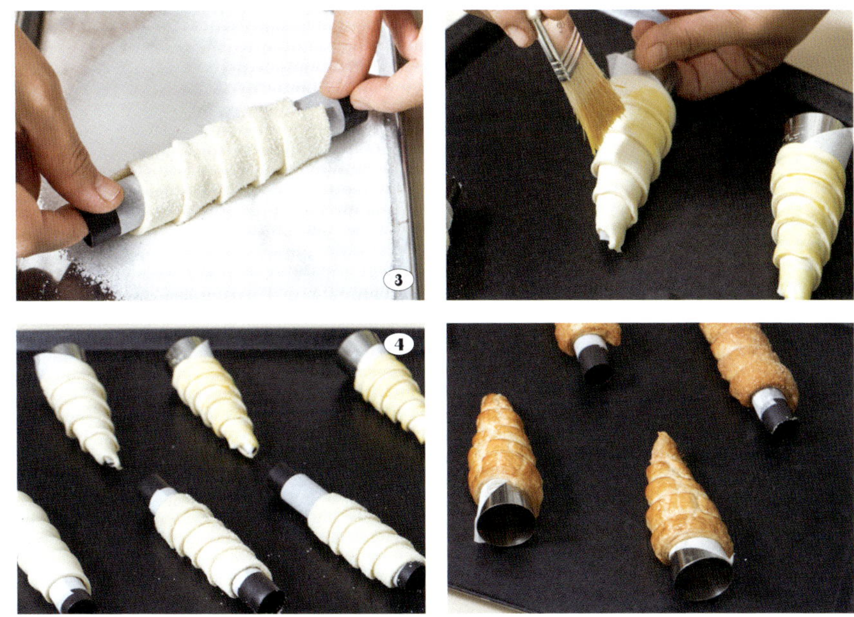

Band
aux meat pie

방드 오 미트 파이

밴드 형태의 길다란 모양을 가진 파이입니다. 원형으로 구워 피자처럼 잘라서 다 같이 나눠 먹어도 좋아요. 미트소스 대신 시판용 피자 소스나 파스타 소스를 이용해 다양하게 응용해보세요.

(1개 분량)

미트소스

마늘 1쪽, 양파 ½개, 다진 돼지고기 250g,
토마토 페이스트 50g, 올리브유 적당량, 오레가노 약간

① 마늘과 양파는 잘게 다진다.

② 냄비에 올리브유를 두르고 다진 마늘을 볶아 향을 낸다.

③ 향이 올라오면 다진 양파, 다진 돼지고기, 토마토 페이스트를 순서대로
　 넣고 볶는다.

④ 오레가노 또는 원하는 허브를 취향에 따라 넣어 마무리한다.

완성

일반적인 파이 반죽(폭 18cm, 길이 30cm, 두께 3mm) 1장,
가지 ½개, 주키니 ½개, 방울토마토 4~5개, 달걀물·소금·올리브유 약간씩

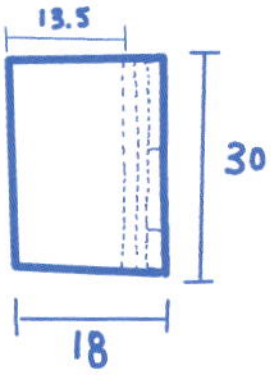

① 반죽을 1.5×30cm 크기의 띠 모양으로 3장 재단한다.

② 남은 반죽의 가장자리에 가볍게 물을 바르고 ①의 반죽을 둘러 붙인다.

③ 냉장실에서 휴지시킨다.

④ 반죽 테두리에 달걀물을 얇게 바르고 180℃로 예열한 오븐에 약 15분간 굽는다.

⑤ 중간에 올라온 부분을 밀대로 살짝 누르고 다시 10~12분간 완전히 굽는다.

⑥ 충분히 식으면 미트소스를 고루 펴 올린다.

⑦ 약 8mm 두께로 슬라이스한 가지와 주키니를 올리고 방울토마토를 얹는다.

⑧ 소금과 올리브유를 살짝 뿌린 뒤 180℃로 예열한 오븐에 약 10분간 굽는다.

Earl grey Allumette

밀크티잼 파이

'누네띠네'라는 이름으로 알려져 그 어떤 파이보다도 익숙한 파이입니다.
하이파이에서도 친근한 비주얼로 인기가 많은 품목 중 하나예요. 레시피처럼
얼그레이 티를 넣지 않고 만들어도 충분히 맛있어요. 시판 살구잼이나
딸기잼을 사용해도 좋고요. 딸기잼에 씨가 들어 있다면 체에 걸러 사용해야
깔끔한 모양의 파이를 만들 수 있어요.

(약 10개 분량)

글라스 로열

분당 100g, 얼그레이 티 파우더 2g, 박력분 5g,
달걀흰자 20~23g

1. 볼에 체 친 가루 재료와 달걀흰자를 넣고 고루 섞는다.
   Tip 얼그레이 티 파우더는 얼그레이 티를 블렌더로 곱게 갈아 사용한다.
   Tip 얼그레이 티 파우더를 넣지 않을 경우에는 달걀흰자의 양을 줄이도록 한다.
   너무 묽으면 오븐에서 끓어올라 다 구웠을 때 모양이 예쁘지 않기 때문이다.

2. 마르지 않도록 바로 사용한다. 나중에 사용할 경우 밀폐 용기에 담아
   냉장실에 보관한다.

얼그레이 밀크잼

우유 200g, 생크림 100g, 황설탕 60g, 얼그레이 티 20g

1. 냄비에 우유와 생크림, 황설탕을 넣고 센 불로 끓인다.
2. 끓기 시작하면 불을 줄이고 얼그레이 티를 넣어 수분을 날려가며 우린다.
3. 티가 진하게 우러나면 불을 끄고 체에 거른다.
4. 다시 불에 올리고 되직한 농도가 될 때까지 끓여 수분을 날린다.

완성

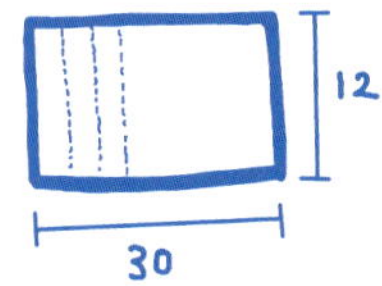

일반적인 파이 반죽(폭 30cm, 길이 12cm, 두께 5mm) 1장

(1) 반죽에 글라스 로열을 얇게 바른다.

(2) 얼그레이 밀크잼을 격자무늬로 짜고 냉장실에서 휴지시킨다.
Tip 이때 너무 오래 휴지하면 글라스 로열이 굳기 때문에 깔끔하게 굽기가 어렵다.
반죽을 재단하기 쉬울 정도로, 살짝 단단해질 때까지만 짧게 휴지하도록 한다.

(3) 3×12cm 크기의 띠 모양으로 재단하고 냉장실에서 잠시 휴지시킨다.

(4) 오븐 팬에 패닝하고 180℃로 예열한 오븐에 약 25분간 굽는다.

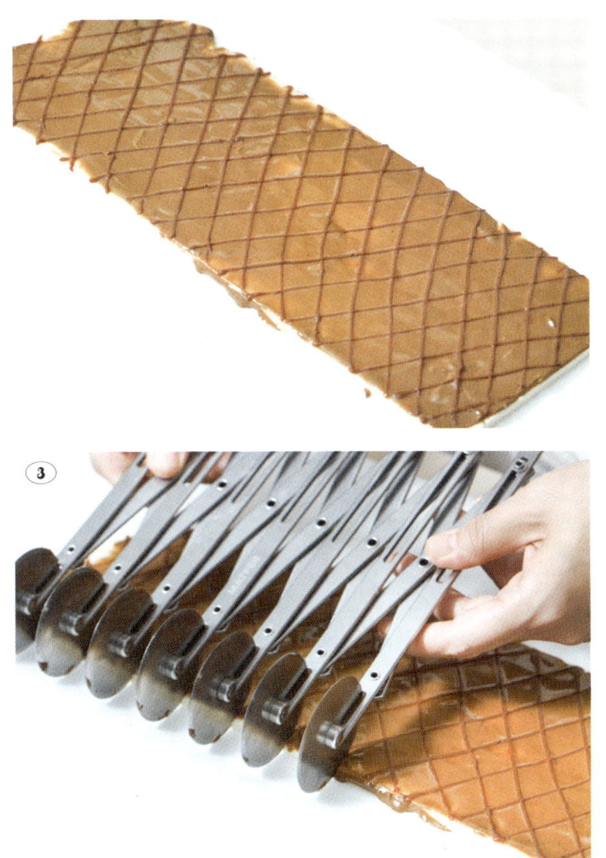

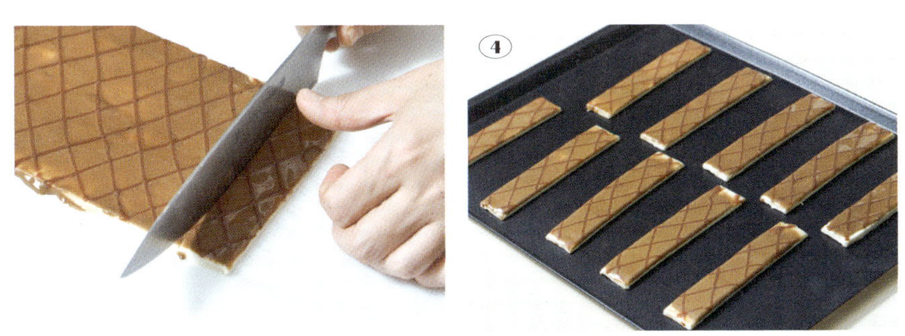

Carré

까레

사각형으로 굽는 까레는 파이의 결이 위아래로 펼쳐지는 적층형이 아닌
옆으로 넓게 펼쳐지는 확장형으로 식감이 좀 더 터프하고 단단한 느낌이 나는
것이 특징입니다. 다양한 두께로 성형하면 더 재미있는 식감을 낼 수 있는
파이이기도 해요. 아무것도 샌딩하지 않으면 우리에게 친숙한, 엄마가 손으로
만들었다는 그 이름의 시판용 과자와 거의 같아요. 물론 풍미 좋은 버터로 직접
만든 파이와 시판 과자를 비교할 수는 없지만요. 까레는 다른 이름으로 '짚'을
의미하는 파유*Paille*라고도 불리는데요.
어찌 보면 짚을 쌓아놓은 모양과 닮아 보이는 것 같기도 해요.

(약 14개 분량)

버터크림

버터 50g, 화이트 초콜릿 50g

1. 실온 상태의 버터에 약 20℃ 정도로 녹였다가 식힌 화이트
   초콜릿을 넣고 핸드믹서로 섞어 공기 포집을 한다. 뽀얗게 공기
   포집을 할수록 가벼운 맛이 난다.

2. 짜주머니에 담는다.

버터 50g, 화이트 초콜릿 50g

라즈베리 페팽

설탕 120g, NH 펙틴 3g, 냉동 라즈베리 200g, 레몬즙 20g

① 설탕과 펙틴을 섞는다.

② 냄비에 냉동 라즈베리를 녹여가며 센 불에서 끓인다.

③ 약 50℃가 되면 ①을 넣고 휘퍼로 섞어 되직한 농도가 될 때까지 끓인다.

④ 원하는 정도의 농도가 되면 레몬즙을 넣고 마무리한다. 완성 텍스처는 찬물에
떨어뜨렸을 때 퍼지지 않고 잘 응고되는지 테스트해보면 알기 쉽다.
  Tip 라즈베리 씨의 식감이 불편하다면 체에 걸러 씨를 제거해 사용하거나 라즈베리 퓌레로
  대체해 끓여도 좋다.

완성

앵베르세 파이 반죽(폭 30cm, 길이 8cm, 두께 8mm) 2장,
설탕·팥앙금 적당량, 크리스피 라즈베리 약간

① 파이 반죽에 물을 고루 바르고 2장을 겹친 뒤 잘 붙을 수 있도록 냉장실에서
   휴지시킨다.

② 약 1cm 폭으로 재단하고 겉면에 설탕을 고루 묻힌다.

③ 오븐 팬에 간격을 넓게 벌려 패닝하고 180℃로 예열한 오븐에 20~25분간
   굽는다.

④ 파이가 완전히 식으면 2개씩 짝을 맞춰놓는다.

⑤ 반은 버터크림과 팥앙금을 샌딩하고 나머지는 라즈베리 페팽과 크리스피
   라즈베리를 샌딩한다.

Palmier

빨미에

빨미에*Palmier*는 종려나무 잎을 뜻합니다. 하트 파이라는 이름이 더 익숙하게
들리지요. 반죽을 접으면서 생기는 예쁜 하트 모양과 더불어 까레와는 다르게
위아래가 막혀 있는 구조이기에 밀도감이 느껴지는 식감이 특징이에요.
초콜릿을 디핑해도 아주 잘 어울립니다.

약 20개 분량

앵베르세 파이 반죽(폭 50cm, 길이 20cm, 두께 4mm) 1장,
설탕 적당량

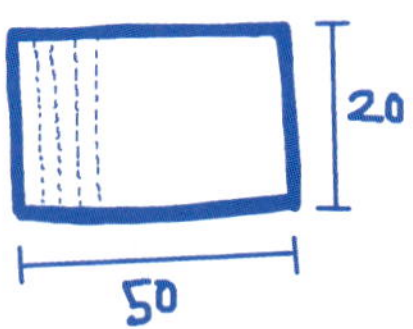

① 파이 반죽에 물을 가볍게 바르고 설탕을 뿌린다.

② 반죽의 양쪽을 끝에서부터 약 12cm 정도 동시에 접는다.

③ 다시 한번 가운데 방향으로 반죽을 접는다. 이때 중간 지점에 2cm 정도 간격을 둔다.

④ 물을 살짝 바르고 반죽을 접어 밀대로 가볍게 눌러 붙인 뒤 냉장실에서 휴지시킨다.
   Tip 너무 오랜 시간 휴지할 경우 물과 설탕이 시럽이 되어 구울 때 파이가 눅눅하고 색이
   진하게 나면서 속은 덜 익을 수 있다. 반죽을 재단하기 좋을 정도로만 휴지시키도록 한다.

⑤ 약 1cm 폭으로 썰고 설탕을 고루 묻힌 뒤 오븐 팬에 패닝한다.

⑥ 180℃로 예열한 오븐에 약 20분간 굽는다.

3
4
5

Palmier carré

빨미 까레

까레를 좀 더 크고 두툼하게 구운 파이라고 볼 수 있습니다.
위아래가 막혀 있지 않아 구웠을 때 파이가 확장될 수 있는 만큼 넓게
펼쳐지지요. 빨미에와 빨미 까레를 같은 반죽으로 만든다면 빨미 까레가
구웠을 때 식감이 좀 더 가볍고 폭도 훨씬 넓어져요. 초콜릿 디핑이 없어도
도톰한 식감만으로 충분히 매력적인 파이입니다.

약 13개 분량

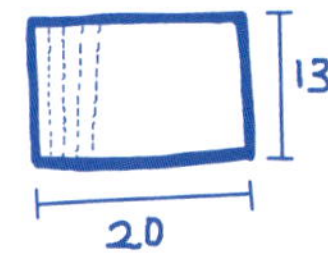

앵베르세 파이 반죽(폭 20cm, 길이 13cm, 두께 8mm) 3장,
컴파운드 다크 초콜릿 300g, 헤이즐넛 프랄린 50g, 설탕 적당량

① 파이 반죽에 물을 고루 바르고 3장을 서로 겹친 뒤 잘 붙을 수
   있도록 냉장실에서 휴지시킨다.

② 약 1.5cm 폭으로 재단하고 겉면에 설탕을 고루 묻힌다.

③ 오븐 팬에 간격을 넓게 벌려 패닝하고 180℃로 예열한 오븐에
   25~30분간 굽는다.

④ 코팅용 다크 초콜릿과 헤이즐넛 프랄린을 녹여 고루 섞는다.

⑤ 한 김 식힌 파이를 ④에 디핑한다.

⑥ 종이 포일에 올려 상온에서 굳힌다.

Part 2

Papillon

파피용

파피용은 넓게 펼쳐진 모양이 나비를 닮아 붙여진 이름입니다.
그냥 구우면 까레가 되지만 두 번 비틀어 모양도 예쁘고 꼬인 부분에 파이가
응축되어 식감이 매력적이에요.

앵베르세 파이 반죽(폭 30cm, 길이 11cm, 두께 8mm) 2장,
설탕·우박 설탕 적당량

(1) 파이 반죽에 물을 고루 바르고 2장을 겹친 뒤 잘 붙을 수 있도록
    냉장실에서 휴지시킨다.

(2) 약 2cm 폭으로 재단하고 냉장실에서 잠시 휴지시킨다.

(3) 반죽에 설탕을 고루 묻히고 절반 정도 되는 위치에서 2번 꼬아
    모양을 잡는다.

(4) 오븐 팬에 간격을 넓게 벌려 패닝하고 우박 설탕을 뿌린다.

(5) 180℃로 예열한 오븐에 약 25분간 굽는다.

Part 2

Poisson d'avril

푸아송 다브릴

직역하면 '4월의 물고기'라는 의미로 4월 1일 만우절을 기념하며 먹는
파이입니다. 프랑스에서는 만우절에 속는 사람들을 푸아송 다브릴이라고
부르며 물고기 모양으로 만든 다양한 음식을 먹거나 선물하기도 하지요.
이 레시피에서는 물고기 모양과 타르트 셸처럼 사용할 수 있는
사각형 성형 방법으로 두 가지 버전을 준비했습니다.

사각형 약 9개 분량
물고기 모양 1개 분량

크렘 레제

생크림 50g, 설탕 5g, 크렘 파티시에 200g

① 생크림에 설탕을 넣어가며 단단하게 휘핑한다.

② 크렘 파티시에는 고무 주걱으로 부드럽게 풀고 ①을 넣어 섞은 뒤
짜주머니에 담는다.

완성

앵베르세 파이 반죽(33×33cm, 두께 3mm) 1장,
앵베르세 파이 반죽(20×20cm, 두께 3mm) 2장, 달걀물·베리류 과일 적당량, 식용 꽃 약간

사각형 재단하는 법

① 파이 반죽 1장을 더블 사각 커터(11cm 정사각형 틀)로 재단한다.

② 칼집이 난 테두리를 반대쪽 모서리 방향으로 접어 모양을 잡은 뒤 테두리에만 달걀물을 바른다.

물고기 모양 재단하는 법

① 반죽 2장을 물고기 모양으로 재단하고 그중 1장은 1cm 폭으로 테두리만 도려낸다.

② 반죽 가장자리에 물을 바르고 테두리 반죽을 올려 붙인다.

③ 테두리 반죽 위에 달걀물을 바른 뒤 테두리에 칼집을 낸다.

굽기

① 2가지 모양으로 성형한 반죽을 180℃로 예열한 오븐에 약 18분간 굽는다.

② 중간에 올라온 부분을 밀대로 살짝 누르고 다시 약 15분간 완전히 구워 식힌다.

③ 파이에 크렘 레제를 짜고 베리류 과일과 식용 꽃으로 장식한다.

Pistachio mille-feuille

피스타치오 밀푀유

프랑스어로 밀*Mille*은 숫자 1000을, 푀유*Feuille*는 잎사귀를 의미합니다.
직역하면 '1000개의 잎사귀'를 뜻하며 그만큼 결이 촘촘하다는 것을 말하지요.
밀푀유는 결이 활짝 펴지지 않도록 꾹 눌러서 굽는 것이 특징인데,
결을 응축시키면 파이지에 버터 풍미가 가득 차게 되고 수분에도 강해져
묽은 크렘 파티시에를 더해도 쉽게 눅눅해지지 않아요.

약 7개 분량

피스타치오 크렘 디플로마트

크렘 파티시에 160g, 화이트 초콜릿(발로나 오팔리스) 25g,
젤라틴 매스 10g, 피스타치오 페이스트 16g, 크렘 샹티이 80g,
플뢰르 오랑제 3g

① 부드럽게 푼 크렘 파티시에에 녹인 화이트 초콜릿과 젤라틴 매스, 피스타치오
  페이스트를 넣고 섞는다.

② 크렘 샹티이, 플뢰르 오랑제를 넣고 고루 섞는다.

완성

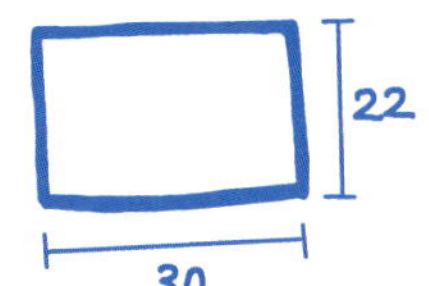

앵베르세 파이 반죽(폭 30cm, 길이 22cm, 두께 3mm) 1장,
분당·피스타치오 페이스트 적당량,
캔디드 슬라이스 오렌지·다진 피스타치오 약간씩

1. 반죽을 피케한다.

   Tip 피케*Piquer*는 프랑스어로 '찌르다'를 뜻한다. 피케의 목적은 반죽이 구워지면서 생기는 수증기가 빠져나갈 수 있도록 공기 구멍을 만들어주는 것과 반죽의 결합을 끊어 파이가 크게 부푸는 것을 막는 데 있다. 모든 파이에 피케 과정이 필요한 것은 아니기에 목적에 맞게 사용하도록 한다. 예를 들어 키슈처럼 묽은 아파레유를 붓고 굽는 경우라면 피케한 구멍으로 아파레유가 새어 나갈 수 있으므로 달걀물로 구멍을 메운 뒤 작업하는 것이 좋다.

2. 밀푀유 전용 틀 바닥에 타공 매트를 깔고 ①을 얹는다.

3. 다시 타공 매트를 얹고 밀푀유 전용 틀에 끼운다.

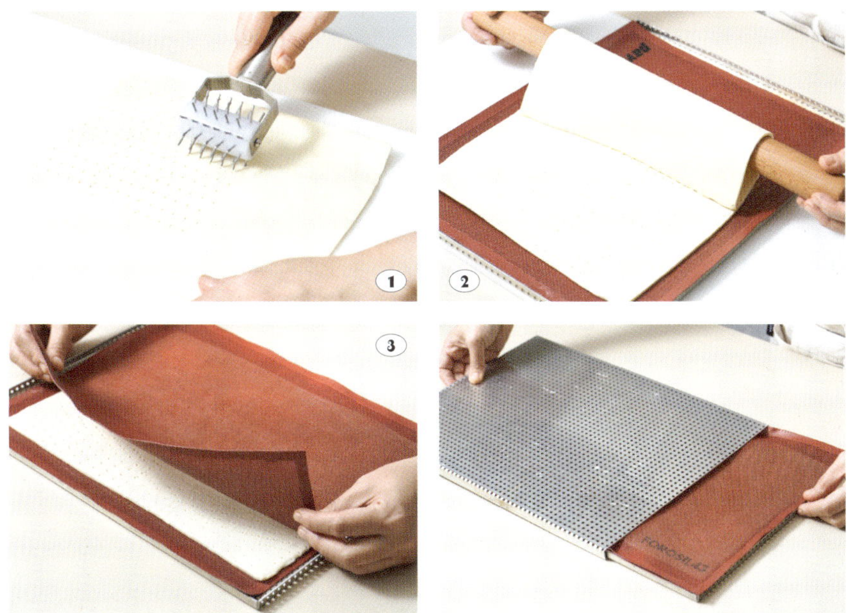

④ 180℃로 예열한 오븐에 20~25분간 굽는다.

⑤ 타공 매트 1장을 빼고 색이 날 때까지 5분 정도 더 굽는다.

⑥ 색이 나면 고운체로 분당을 뿌린다.

⑦ 200℃로 예열한 오븐에 약 5분간 캐러멜색이 날 때까지 굽는다.

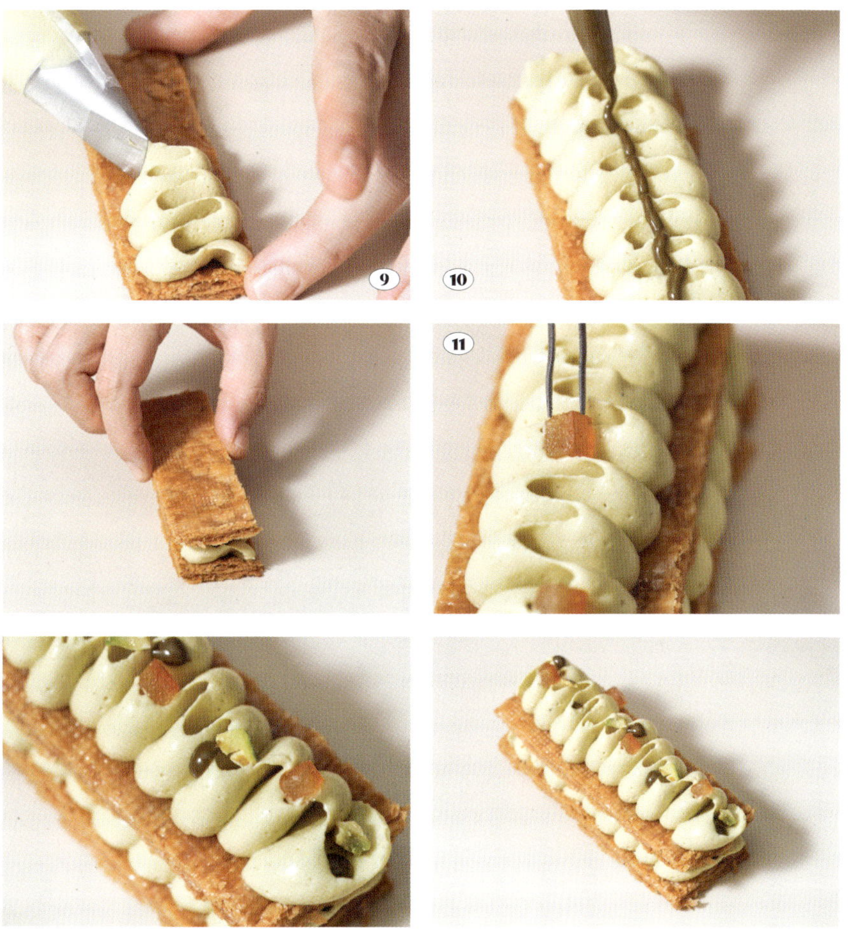

⑧ 한 김 식히고 3×9cm 크기로 재단한다. 재단한 파이 2장을 1쌍으로 사용한다.

⑨ 파이 1장에 피스타치오 크렘 디플로마트를 짠다.

⑩ 피스타치오 페이스트를 짜고 다시 파이 1장을 올린다.

⑪ 피스타치오 크렘 디플로마트를 짜고 캔디드 슬라이스 오렌지, 다진 피스타치오로 장식한다.

Vanilla tonka mille-feuille
바닐라 통카 밀푀유

같은 밀푀유이지만 파이의 결을 위아래로 부풀어 오르는
적층형이 아닌 옆으로 벌어지는 확장형으로 만들어
좀 더 매력적인 식감으로 만들었습니다.

약 6개 분량

통카 캐러멜

생크림 40g, 설탕 70g, 물엿 10g, 버터 25g, 통카 빈 적당량

① 생크림에 통카 빈 소량을 제스터로 갈아 넣고 전자레인지에 뜨겁게
데운다.

② 냄비에 설탕과 물엿을 넣고 센 불로 가열해 검붉은색이 나면 불을 끄고
①과 버터를 섞는다.

③ 용기로 옮기고 냉장실에 넣어 굳힌다.

가나슈 몽테

화이트 초콜릿(발로나 오팔리스) 60g, 젤라틴 매스 10g,
연유 22g, 생크림A 50g, 생크림B 200g, 바닐라빈 파우더 0.5g

1. 볼에 화이트 초콜릿과 젤라틴 매스, 연유, 생크림A를 넣고 약 45℃로 녹인다.

2. 핸드블렌더로 유화시키고 차가운 생크림B와 바닐라빈 파우더를 넣어 다시 유화시킨다.

3. 밀착 래핑한 뒤 냉장실에 넣어 숙성시킨다.

4. 사용 직전 휘핑하고 깍지를 끼운 짜주머니에 담는다.

완성

앵베르세 파이 반죽(폭 12cm, 길이 10cm, 두께 1cm) 1장

1. 반죽을 8mm 폭으로 재단하고 2장씩 서로 겹쳐 잘 붙을 수 있도록 냉장실에서 휴지시킨다.

2. 오븐 팬에 간격을 넓게 벌려 결이 보이도록 패닝한다.

3. 180℃로 예열한 오븐에 약 20분간 굽고 식힌다.

4. 파이 1장에 휘핑한 가나슈 몽테를 짠다.

5. 통카 캐러멜을 짜고 나머지 파이 1장으로 덮는다.

Flan vanille

플랑 바니유

플랑은 달걀, 우유 등을 섞은 아파레유*Appareil*를 채워 구운 파이를 말합니다.
흔히 알고 있는 에그타르트와 비슷한 듯 다른 느낌을 하고 있지요.
플랑은 에그타르트와는 다르게 오븐에 넣기 전에 열을 한 번 가한 크림을
더하는데요. 전분의 호화로 인해 더 매끄러운 질감의 크림을 얻을 수 있어요.
또 파이지를 미리 애벌로 구운 뒤 아파레유를 채우기 때문에
바삭한 식감을 오랫동안 유지할 수 있습니다.

1개 분량

플랑 바니유 아파레유

우유 180g, 생크림 110g, 바닐라 빈 1개, 달걀 35g, 설탕 45g,
옥수수 전분 5g, 박력분 5g

1. 냄비에 우유와 생크림, 긁어낸 바닐라 빈 씨와 껍질을 넣고 따뜻하게 데운다.

2. 볼에 달걀을 넣고 휘퍼로 푼 뒤 설탕과 옥수수 전분, 박력분을 순서대로
   섞는다.

3. ①을 ②에 부어가며 섞고 체에 내린다.

4. 다시 냄비로 옮기고 휘퍼로 섞어가며 호화시킨다.

완성

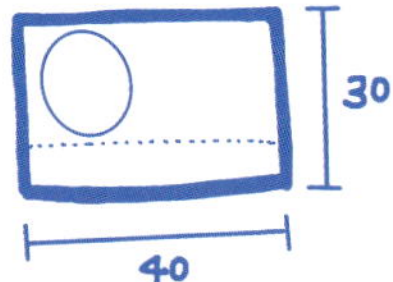

두 번째 반죽 또는 속성형 파이 반죽(폭 40cm, 길이 30cm, 두께 2mm) 1장,
버터 약간

1. 반죽을 지름 11cm 원형, 5×40cm 띠 모양으로 각각 1장씩 재단한다.
   Tip 두 번째 사용하는 반죽은 글루텐이 생겨 수축이 심하게 일어나기 때문에 모든 과정에서
   충분히 휴지시키도록 한다.

2. 지름 12cm, 높이 5cm 무스 링에 버터를 바른다.

3. 반죽을 퐁사주하고 냉장실에서 휴지시킨다.
   Tip 옆면을 먼저 퐁사주하고 냉동실에서 단단해질 때까지 휴지시킨다. 그다음에 바닥 면을
   퐁사주하면 옆면의 무너짐 없이 훨씬 더 수월하게 작업이 가능하다.
   Tip 반죽은 수축이 일어나므로 옆면 반죽을 약간 여유 있게, 바닥 반죽도 옆면과 맞닿을 수 있도록
   약간 크게 재단해 퐁사주한다.

4. 반죽 위에 유산지를 깔고 누름돌을 올린다.

5. 180℃로 예열한 오븐에 약 15분간 구운 뒤 누름돌을 제거하고 약 10분간 완전히 굽는다.

6. 무스 링을 제거하고 플랑 바니유 아파레유를 부운 뒤 스패츌러로 옆면으로 끌어올리듯
   평평하게 정리한다.

7. 180℃로 예열한 오븐에 약 20분간 윗면에 진한 색이 날 때까지 굽는다.

⑦

Florentin amande

플로랑탱 아망드

플로랑탱*Florentin*은 프랑스어로 이탈리아 중부 도시인 '피렌체의', '피렌체 사람'이라는 의미를 갖고 있습니다. 이탈리아 공주가 결혼 후 프랑스로 올 때 가져온 디저트로 지금까지 많은 사랑을 받고 있지요. 플로랑탱은 쿠키 반죽인 파트 사블레 위에 견과류와 섞은 브라운 누가를 올려 굽는 것이 기본인데요. 하이파이에서는 쿠키 반죽 대신 파이 반죽을 사용해 씹는 식감을 살리고 굵게 다진 아몬드를 곁들여 풍부한 향을 담아 만들고 있습니다.

약 8개 분량

누가틴

버터 40g, 물엿 25g, 설탕 45g, 소금 0.5g, 우유 9g, 아몬드 100g,
카카오 닙스 20g

① 냄비에 버터와 물엿, 설탕, 소금을 넣고 데운 뒤 우유를 섞는다.

② 볼에 ①과 다진 아몬드, 카카오 닙스를 넣고 가볍게 섞는다.
Tip 물엿 대신 꿀을 사용하면 좀 더 다채로운 향을 더할 수 있다.

완성

두 번째 반죽 또는 속성형 파이 반죽(폭 30cm, 길이 20cm, 두께 4mm) 1장

① 반죽을 피케하고 지름 6.5cm 원형 커터로 재단한 뒤 냉장실에서 휴지시킨다.

② 지름 6.5cm 원형 실리콘 몰드에 퐁사주하고 종이 유산지를 깐 뒤 누름돌을 올린다.

③ 180℃로 예열한 오븐에 약 20분간 굽고 누름돌을 제거한다.

④ 다시 약 10분간 완전히 구운다.

⑤ 누가틴을 올리고 180℃로 예열한 오븐에 약 15분간 굽는다.

⑥ 몰드째 식힌 뒤 몰드에서 분리한다.

4

5

6

Pepperoni quiche

페퍼로니 키슈

키슈는 달걀과 우유 등을 섞어 만든 아파레유와 채소, 치즈 등
부재료를 곁들여 함께 구운 파이를 말합니다. 플랑과는 다르게 짭짤한 맛이
특징이지요. 맛있는 아파레유 레시피만 알아두면 냉장고에 있는 재료로
부담없이 간편하고 근사하게 만들어 드실 수 있어요.

(1개 분량)

베샤멜소스 

베샤멜소스는 버터와 밀가루를
동량으로 볶은 루Roux에 우유를
넣고 만드는 화이트소스의 하나로,
서양 요리의 기본이라 할 수 있다.

버터 15g, 박력분 15g, 우유 180g

① 냄비에 버터를 넣고 녹인다.

② 체 친 박력분을 넣고 휘퍼로 빠르게 섞는다.

③ 밀가루가 잘 섞이고 덩어리지다가 풀어지는 느낌이 나면 차가운
우유를 붓는다. 바닥에 눌어붙지 않도록 저어가며 전체적으로
끓어오를 때까지 호화시킨다.

④ 마르지 않도록 밀착 래핑해 냉장실에 보관한다. 냉장실에
약 3일간 보관 가능하다.

키슈 아파레유

달걀 220g, 달걀노른자 80g, 생크림 200g, 우유 100g,
베샤멜소스 100g, 소금 2g, 후춧가루 약간

1. 볼에 모든 재료를 넣고 핸드블렌더로 섞은 후 표면을 밀착 래핑한다.

2. ①을 냉장실에서 숙성시킨다. 아파레유를 숙성시켜 사용하면 맛이
   깊어지고 달걀 거품이 안정화되어 좀 더 묵직한 느낌의 키슈를 만들 수
   있다. 냉장실에 최대 4일까지 보관 가능하다.
   Tip 베샤멜소스 대신 우유나 생크림을 사용해도 무관하나 베샤멜소스를 넣으면
   좀 더 고소하고 밀도감 있는 키슈를 만들 수 있다. 생크림과 우유는 사워크림이나
   요거트로 대체 가능하다. 사워크림은 깊은 풍미를 주는 동시에 느끼하지 않게
   도와주는 역할을 한다. 달걀노른자 대신 달걀 전체를 쓰면 가벼운 식감의 키슈를
   만들 수 있다.

완성

두 번째 반죽 또는 속성형 파이 반죽(26×26cm, 두께 4mm) 1장,
달걀물·그뤼에르 치즈·모차렐라 치즈·올리브유·페퍼로니 적당량,
오레가노·페페론치노(옵션) 약간씩

토핑 양파 ½개, 베이컨 2줄, 방울토마토 15개

① 반죽은 사용하려는 틀의 지름보다 약간 더 크게 재단하고 냉장실에서 휴지시킨다.

② 지름 18cm 망개 틀에 퐁사주하고 피케한 뒤 냉장실에서 잠시 휴지시킨다.

③ 틀 밖으로 나온 반죽은 칼로 도려내고 종이 유산지를 깐 뒤 누름돌을 올린다.

④ 180℃로 예열한 오븐에 약 20분간 굽고 누름돌을 제거한다.

⑤ 10분간 더 굽고 오븐에서 꺼내자마자 달걀물을 바른다.

⑥ 양파와 베이컨은 굵게 썰고 방울토마토는 반으로 썰어 각각 올리브유에 가볍게
볶는다.

⑦ 구운 키슈 셸에 토핑과 치즈를 고루 채운다.

⑧ 숙성시킨 키슈 아파레유를 붓고 페퍼로니를 둘러 얹는다.

⑨ 오레가노를 살짝 뿌린 뒤 180℃로 예열한 오븐에서 약 25분간 굽는다.

①　②

Part 2

Tarte tatin

타르트 타탱

타탱은 프랑스 상트르 지방의 사과 파이입니다. 호텔을 운영하던 자매가
실수로 만들었고 오븐에서 구워져 나오자마자 뒤집어 틀에서 뺀 뒤 식힐 새도
없이 손님에게 낸 것이 타탱의 기원이라고 전해지지요. 사과뿐 아니라 단단한
과일인 감이나 배 또는 양파를 이용해 다양하게 응용도 가능해요. 오리지널
타탱은 오랜 시간 오븐에서 구워야 하기 때문에 자칫 잘못하면 쉽게 타버릴 수
있어요. 이 레시피에서는 사과를 졸였을 때 나오는 풍미 좋은 주스까지 모두
사용해 초보자들도 만들기 쉬운 방법으로 준비했습니다.

약 6개 분량

2 3

4

6

7

캐러멜 사과 조림

사과 2개, 설탕 120g, 생크림 50g, 버터 20g,
바닐라 빈 파우더 0.3g, 젤라틴 매스 10~20g

① 사과는 껍질을 벗기고 씨를 제거한 후 8~12등분한다.

② 냄비에 설탕을 조금씩 넣어가며 붉은빛이 도는 진한 캐러멜색이 될 때까지
가열한다.

③ 불을 끄고 뜨겁게 데운 생크림과 버터를 섞는다.

④ ①을 넣고 저어가며 끓인 뒤 사과가 다 익으면 체에 걸러 사과 과육과
캐러멜소스를 분리한다.

⑤ 체에 거른 캐러멜소스를 계량한 뒤 약 15% 분량의 젤라틴 매스를 넣고
녹인다.

⑥ 익힌 사과 과육을 넣고 다시 섞는다.

⑦ 실리콘 몰드(SF127)에 캐러멜소스를 1스푼씩 넣고 사과 과육을 약 100g씩
채운 뒤 냉동실에 굳힌다.

크렘 샹티이

생크림 50g, 설탕 4g

1. 볼에 생크림을 넣고 설탕을 넣어가며 휘핑한다.
2. 원형 깍지를 끼운 짜주머니에 담는다.

완성

두 번째 반죽 또는 속성형 파이 반죽(폭 40cm, 길이 30cm, 두께 3mm) 1장,
장식용 건조 바닐라 빈 6개, 분당·광택제(서브리모) 적당량

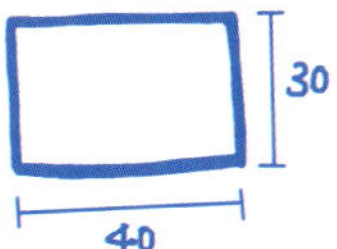

① 반죽을 피케한다.

② 밀푀유 전용 틀 바닥에 타공 매트를 깔고 ①을 얹는다.

③ 다시 타공 매트를 얹고 밀푀유 전용 틀에 끼운다.

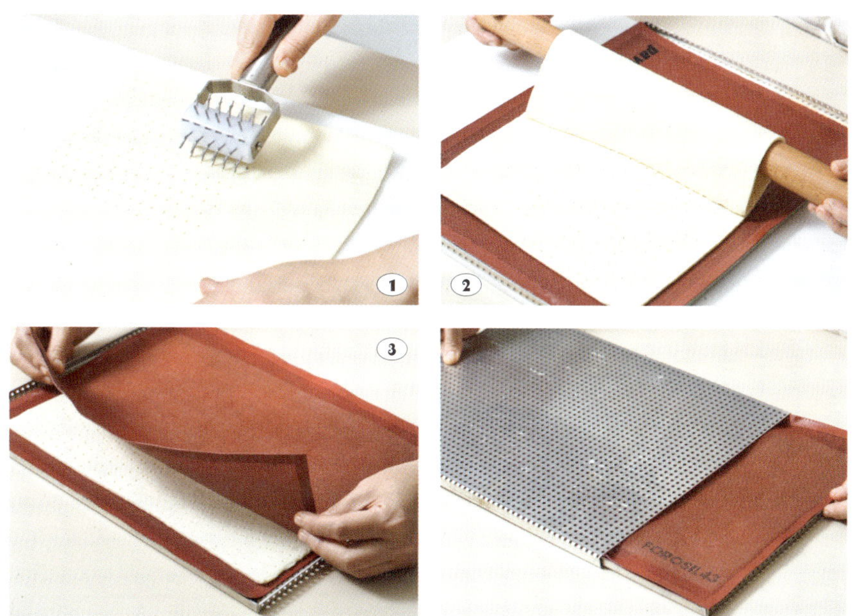

④ 180℃로 예열한 오븐에 20~25분간 굽는다.

⑤ 타공 매트 1장을 빼고 색이 날 때까지 5분 정도 더 굽는다.

⑥ 색이 나면 고운체로 분당을 뿌린다.

⑦ 200℃로 예열한 오븐에 약 5분간 캐러멜색이 날 때까지 굽는다.

⑧ 한 김 식힌 뒤 지름 7.5~8cm 원형 커터로 재단한다.

⑨ 몰드에서 제거한 캐러멜 사과 조림에 광택제를 입힌다.

⑩ ⑧에 ⑨를 올린 뒤 크렘 샹티이를 짜고 건조 바닐라 빈으로 장식한다.
Tip 바닐라 빈을 칼로 가늘게 썰고 100℃로 예열한 오븐에 1시간 정도 말려 사용한다.

Corn
potage pie
콘 포타주 파이

따뜻한 수프와 파이는 마치 마음까지 녹여주는 것만 같습니다.
개인적으로는 파이에 크림류의 수프가 잘 어울리는 것 같아 두 가지를
함께 준비했어요. 부드러운 크림수프에 상반된 식감을 지닌 바삭한 파이가
어우러져 더 맛있게 느껴지지요. 키슈 레시피에 있는 루에 우유를 넉넉히 부어
크림수프를 만들어 더해도 좋습니다.

약 4개 분량

콘 포타주

버터 15g, 양파 ½개, 옥수수 알갱이 300g, 우유 400g,
큐브 치킨스톡 1개, 소금·후춧가루 약간씩

① 냄비에 버터를 두르고 채 썬 양파를 넣어 캐러멜색이 날 때까지 중불에서
　 볶는다.

② 옥수수 알갱이를 넣고 탱글해질 때까지 충분히 볶는다.

③ 우유와 치킨스톡을 넣고 블렌더로 곱게 간다.

④ 다시 냄비로 옮겨 농도가 살짝 날 때까지 약불로 끓인다.

⑤ 소금과 후춧가루로 간한다.

④

Part 2

완성

속성형 파이 반죽(11×11cm, 두께 2mm) 4장,
올리브유·다진 차이브·달걀흰자·달걀물 약간씩

① 오븐 용기에 콘 포타주를 담고 올리브유와 다진 차이브를 살짝 뿌린다.

② 용기 테두리에 달걀흰자를 살짝 바르고 반죽을 붙인다.

③ 반죽에 달걀물을 바르고 180℃로 예열한 오븐에 15~20분간 굽는다.

속성형 파이 반죽(11×11cm, 두께 2mm) 4장,
올리브유·다진 차이브·달걀흰자·달걀물 약간씩

3

Casis blueberry St. Honoré

카시스 블루베리 생토노레

생토노레는 제과제빵 장인의 수호성인 '성 오노레*Saint Honore*'의
이름을 붙인 디저트입니다. 디저트의 여왕이라는 별명이 있을 정도로
프랑스인들의 사랑을 받는 대표적인 디저트이지요. 개인적으로는 다양한
구성의 생토노레야말로 파티시에가 선보이는 기술의 집약체라고 생각해요.
푀유타주 반죽 위에 슈를 짜 얹어 굽고 크렘 시부스트를 곁들이는 것이
가장 클래식한 조합이에요. 210P 퓌 다무르 레시피에서 소개하는
크렘 시부스트 배합을 응용해도 좋습니다.
이번에는 좀 더 산뜻한 느낌으로 표현하고 싶어 산미가
강한 카시스를 더했어요. 카시스 퓌레 대신 다른 퓌레를 사용해도
좋으니 다양하게 응용해보세요.

(약 5개 분량)

크렘 레제

생크림 20g, 설탕 2g, 크렘 파티시에 100g

1. 생크림에 설탕을 넣어가며 단단하게 휘핑한다.
2. 크렘 파티시에는 고무 주걱으로 부드럽게 풀고 ①을 넣어 섞은 뒤 짜주머니에 담는다.

카시스 가나슈 몽테

화이트 초콜릿(발로나 이보아르) 15g, 생크림A 50g,
카시스 퓌레 25g, 트레몰린 10g, 생크림B 150g

① 볼에 화이트 초콜릿과 생크림A를 넣고 45~50℃로 녹인다.

② 핸드블렌더로 유화시키고 카시스 퓌레, 트레몰린, 차가운 생크림B를
순서대로 넣고 다시 유화시킨다.

③ 사용 직전 휘핑하고 깍지를 끼운 짜주머니에 담는다.

블루베리잼

블루베리 200g, 설탕A 100g, 설탕B 20g, NH 펙틴 3g, 레몬즙 20g

1. 냄비에 블루베리와 설탕A를 넣고 가열한다.

2. 살짝 끓어오르면 설탕B와 펙틴 섞은 것을 넣고 되직한 농도가
   될 때까지 끓인다.

3. 원하는 정도의 농도가 되면 레몬즙을 넣고 마무리한다.

파트 아 슈

버터 80g, 우유 100g, 물 100g, 설탕 5g, 소금 2g, 박력분 120g, 달걀 150~180g

① 냄비에 버터, 우유, 물, 설탕, 소금을 넣고 센 불로 가열해 끓어오르면 불에서 내린다.

② 체 친 박력분을 넣고 고무 주걱으로 빠르게 섞은 후 한 덩어리로 만든다.

③ 다시 불에 올려 빠르게 섞어가며 호화시킨다.

④ 볼로 옮기고 달걀을 조금씩 넣어가며 슈 반죽의 농도가 날 때까지 섞는다.

⑤ 짜주머니에 담아 보관한다.

크라클램

포마드 버터 30g, 설탕 30g, 강력분 30g

① 포마드 버터에 설탕, 강력분을 순서대로 넣고 고무 주걱으로 섞는다.

② 유산지에 올리고 다른 유산지로 덮은 뒤 밀대를 이용해
약 1mm로 얇게 편다.

③ 2.5cm 원형 쿠키 커터로 찍고 냉장실에 보관한다.

완성

속성형 파이 반죽(25×25cm, 두께 3mm) 1장,
블루베리·식용 꽃 약간씩

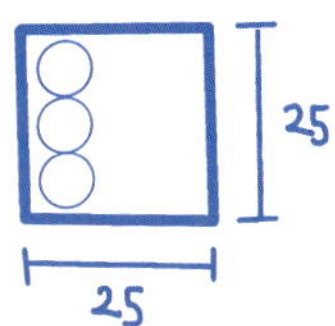

① 반죽을 지름 8cm 원형 커터로 재단한 뒤 오븐 팬에 패닝한다.

② 반죽 위에 파트 아 슈 반죽을 짠다.

③ 오븐 팬 한쪽에 파트 아 슈 반죽을 지름 2cm 원형으로 짠 뒤 크라클랭을 올린다.

④ 180℃로 예열한 오븐에 25~30분간 굽는다.

⑤ 구운 파이지에 블루베리잼과 크렘 레제를 짠다.

⑥ 구운 파트 아 슈 안에 크렘 레제를 채운다.

⑦ ⑤에 ⑥을 올리고 휘핑한 카시스 가나슈 몽테를 짠다.

⑧ 블루베리와 식용 꽃으로 장식한다.

Gianduja St. Honoré

잔두야 생토노레

퇴유타주 위에 파트 아 슈를 얹어 굽는 클래식한 방식이 아닌,
퇴유타주 반죽과 슈 반죽을 각각 따로 구워 만들었습니다. 구성 요소들만
준비되면 바로 몽타주할 수 있다는 것이 장점이지요.
매장에서도 파삭한 상태의 컨디션 좋은 슈와 퇴유타주를 가장 맛있게
즐길 수 있는 최상의 방법이랍니다.

(약 6개 분량)

파트 아 슈

버터 80g, 우유 100g, 물 100g, 설탕 5g, 소금 2g, 박력분 120g,
달걀 150~180g

① 냄비에 버터, 우유, 물, 설탕, 소금을 넣고 센 불에서 가열해 끓어오르면
   불에서 내린다.

② 체 친 박력분을 넣고 고무 주걱으로 빠르게 섞은 후 한 덩어리로 만든다.

③ 다시 불에 올려 빠르게 섞어가며 호화시킨다.

④ 볼로 옮기고 달걀을 조금씩 넣어가며 슈 반죽의 농도가 날 때까지
   섞는다.

⑤ 짜주머니에 담고 오븐 팬에 지름 약 1.5cm, 2.5cm 크기로 패닝한다.

⑥ 180℃로 예열한 오븐에 15~20분간 굽는다.

잔두야 가나슈 몽테

밀크 초콜릿(발로나 아젤리아) 30g, 잔두야 50g, 젤라틴 매스 20g,
트레몰린 22g, 생크림A 80g, 생크림B 150g

① 유리볼에 밀크 초콜릿과 잔두야, 젤라틴 매스, 트레몰린, 생크림A를 넣고
   전자레인지를 이용해 45~50℃로 녹인다.

② 핸드블렌더로 유화시키고 차가운 생크림B를 부어 다시 유화시킨다.

③ 밀착 래핑한 뒤 냉장실에서 약 6시간 정도 숙성시킨다.

④ 사용 직전 휘핑하고 생토노레 깍지를 끼운 짜주머니에 담는다.

헤이즐넛 프랄린

설탕 65g, 로스팅한 헤이즐넛 150g

① 냄비에 설탕을 넣고 가열해 캐러멜라이징한다. 원하는 컬러가 되면 실리콘
패드에 부어 식힌다.

② 블렌더에 ①과 헤이즐넛을 넣고 페이스트 상태가 될 때까지 곱게 간다.

③ 짜주머니에 담아 보관한다.

캐러멜

설탕 적당량

① 냄비에 설탕을 넣고 가열해 캐러멜라이징한다.

② 구운 파트 아 슈를 캐러멜에 디핑하고 돔 형태의 실리콘 몰드에 넣어
   냉동실에서 굳힌다.
   Tip 캐러멜이 굳지 않게 빠르게 작업한다.

완성

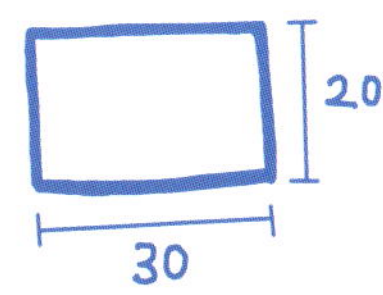

두 번째 반죽 또는 속성형 파이 반죽(폭 30cm, 길이 20cm, 두께 3mm) 1장,
분당 적당량, 헤이즐넛 약간

① 반죽을 피케한다.

② 밀푀유 전용 틀 바닥에 타공 매트를 깔고 ①을 얹는다.

③ 다시 타공 매트를 얹고 밀푀유 전용 틀에 끼운다.

④ 180℃로 예열한 오븐에 20~25분간 굽는다.

⑤ 타공 매트 1장을 빼고 색이 날 때까지 5분 정도 더 굽는다.

⑥ 색이 나면 고운체로 분당을 뿌린다.

⑦ 200℃로 예열한 오븐에 약 5분간 캐러멜색이 날 때까지 굽는다.
Tip ①~⑦번 과정은 151~152P를 참고해주세요.

⑧ 7cm 정사각형으로 재단한다.

⑨ 휘핑한 잔두야 가나슈 몽테를 파이지 위에 짜고 캐러멜에 디핑한 파트 아 슈를 올린다.

⑩ 헤이즐넛 프랄린을 군데군데 짜고 헤이즐넛으로 장식한다.

Puits d'amour

퓌 다무르

퓌 다무르*Puits d'amour*는 프랑스어로 '사랑의 우물'이라는 뜻입니다. 퓌유타주에 크림을 채우고 윗면을 캐러멜라이징한 파이예요. 캐러멜라이징한 뒤 냉장실에 보관할 경우 윗면이 눅눅해질 수 있어요. 크렘 브륄레처럼 설탕을 깨 먹는 느낌으로 드시려면 꼭 바로 먹어야 합니다.

약 5개 분량

이탈리안 머랭

물 10g, 설탕 45g, 달걀흰자 30g

① 냄비에 물과 설탕을 넣고 끓여 115~118℃의 시럽을 만든다.

② 볼에 달걀흰자를 넣고 60%만 휘핑한다.

③ ①을 천천히 부어가며 실온 상태로 식을 때까지 중저속으로
단단하게 휘핑한다.

크렘 시부스트

크렘 파티시에 100g, 젤라틴 매스 4g,
이탈리안 머랭 25g, 생크림 25g

1. 크렘 파티시에와 약 40℃ 정도로 녹인 젤라틴 매스, 상온 상태로 식힌
   이탈리안 머랭을 고무 주걱으로 고루 섞는다.

2. 단단하게 휘핑한 생크림을 섞고 짜주머니에 담아 보관한다.

완성

두 번째 반죽 또는 속성형 파이 반죽(폭 30cm, 길이 20cm, 두께 2mm) 1장,
블루베리잼196P 참고 60~75g, 베리류 과일(옵션)·설탕 적당량, 건조 과일 약간

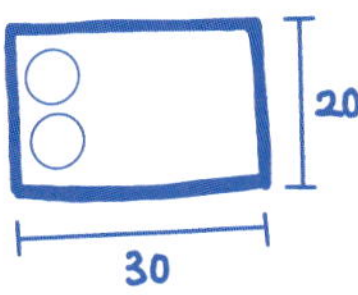

1. 반죽을 지름 10cm 원형 커터로 재단한다.

2. 지름 8cm, 높이 2.5cm 타르트 틀에 퐁사주하고 피케한 뒤 냉장실에서 휴지시킨다.

3. 유산지를 깔고 누름돌을 올린 뒤 180℃로 예열한 오븐에 약 20분간 굽는다.

4. 누름돌을 제거하고 다시 약 10분간 완벽히 색이 날 때까지 굽는다.

5. 구운 파이에 블루베리잼을 12~15g씩 짠다. 베리류 과일을 같이 넣어도 좋다.

6. 크렘 시부스트를 짜고 스패출러로 모양을 잡는다.

7. 설탕을 고루 뿌리고 토치로 캐러멜라이징한다. 이 과정을 총 2회 반복한다.

8. 건조 과일로 장식한다.

5
6
7

Salmon Vol-au-vent

연어 볼오방

볼오방은 파이 안에 다양한 재료를 넣어 따뜻하게 먹는 파이입니다.
프랑스어로는 '바람에 흩날리다'라는 뜻인데요. 믿을 수 없이 가볍게
부풀어 오른 퍼유타주를 보고 재미있는 이름을 붙였다고 해요.

(약 2개 분량)

연어 베샤멜소스

버터 10g, 양파 ½개, 베샤멜소스174P 참고 100g, 연어 120g,
베이컨·버섯·우유 적당량, 딜·레몬즙·소금·후춧가루 약간씩

① 달군 팬에 버터를 두르고 베이컨을 볶는다.

② 다진 양파와 버섯을 볶고 베샤멜소스를 넣어 푼다.

③ 연어와 딜, 레몬즙을 넣고 가볍게 섞은 뒤 소금, 후춧가루로
　 간한다. 농도는 우유로 조절한다.

완성

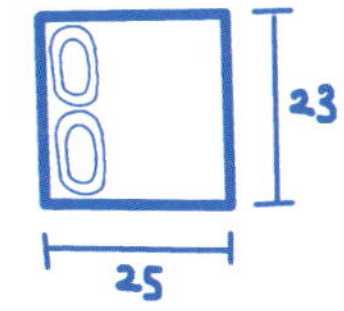

두 번째 반죽 또는 속성형 파이 반죽(폭 25cm, 길이 23cm, 두께 3mm) 1장,
달걀물 적당량, 레몬 제스트·딜 약간씩

1. 반죽을 7.5×11cm 타원형 커터로 2장 재단하고 중앙에 맞춰 5.5×8.5cm 타원형 커터로 살짝 찍어 자국을 낸다.

2. 달걀물을 바르고 180℃로 예열한 오븐에 20~25분간 굽는다.

3. 원형 커터로 자국을 낸 부분을 칼로 도려내 뚜껑을 만든다.

4. 연어 베샤멜소스를 채우고 레몬 제스트를 뿌린 뒤 딜을 얹어 마무리한다.

Part 2

Croquant
크로캉

크로캉Croquant은 프랑스어로 '바삭바삭한'이라는 뜻입니다. 파이 반죽을
재단하고 나오는 파지를 이용해 누가와 함께 곁들여 바삭하고 녹진한
크로캉을 만들었어요. 누가를 따로 준비하지 않는다면 가볍게 재단한 파이에
설탕을 뿌리고 작은 버터 큐브 한 조각을 넣고 구워도 훌륭해요.

약 8개 분량

누가

버터 100g, 설탕 30g, 생크림 30g, 연유 20g, 소금 1g

① 냄비에 모든 재료를 넣고 설탕과 버터가 녹으면서 유화될 때까지 섞어가며 끓인다.

완성

두 번째 반죽(자유로운 두께) 약 200g, 토핑(견과류, 초코칩 등) 100g, 설탕 약간

① 반죽을 가로세로 1.5cm 정사각형으로 재단한다.

② 볼에 ①과 초코칩 견과류 믹스를 넣고 고루 섞는다.

③ 누가를 적당량 넣고 버무린다.

④ 지름 6.5cm 실리콘 몰드에 채우고 설탕을 고루 뿌린다.

⑤ 180℃로 예열한 오븐에 20~25분간 색이 날 때까지 굽는다.

Part 2

Chausson au potiron

호박 파이

프랑스어로 '슬리퍼'를 의미하는 쇼송*Chausson*은 반을 접어 만든
파이를 뜻하기도 합니다. 포슬포슬하게 익힌 단호박을 더했어요. 윗면의
다쿠아즈 반죽은 생략 가능하지만 고소하고 파삭한 다쿠아즈의 식감이
호박 파이를 더 매력적으로 만들어줄 거예요.

약 6개 분량

단호박 필링

찐 단호박 165g, 설탕 20g, 아카시아꿀 5g, 버터 10g

(1) 볼에 모든 재료를 넣고 섞는다.

(2) 짜주머니에 담아 보관한다.

> **Tip** 단호박은 반으로 갈라 씨를 제거하고 내열 용기에 담아 랩을 씌운 뒤 전자레인지에 익힌다. 단호박이 익을 때까지 3분씩 2~3회 정도 돌린 뒤 껍질을 벗겨 사용한다.

다쿠아즈 반죽

달걀흰자 35g, 분당 25g, 아몬드 파우더 25g, 박력분 25g

① 볼에 달걀흰자를 넣고 핸드믹서로 거품을 낸다.

② 분당을 넣고 단단하게 휘핑한다.

③ 체 친 아몬드 파우더와 박력분을 넣고 주걱으로 고루 섞는다.

피스타치오 토핑

피스타치오 분태 16g, 30보메 시럽 3g,
설탕 7g

① 볼에 재료를 모두 넣고 섞는다.

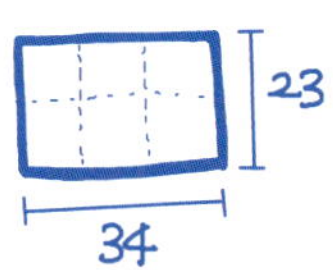

완성

일반적인 파이 반죽(폭 34cm, 길이 23cm, 두께 3mm) 1장, 크림치즈 60g

① 반죽은 가로세로 11cm 정사각형으로 재단한다.

② 반죽 한쪽에 단호박 필링을 40g씩 짠다.

③ 크림치즈를 약 10g씩 올리고 세모나게 접어 반죽을 잘 밀착시킨다.

④ 오븐 팬에 패닝하고 냉장실에서 휴지시킨다.

⑤ 반죽 위에 다쿠아즈 반죽을 펴 바르고 피스타치오 토핑을 올린다.

⑥ 180℃로 예열한 오븐에 약 30분간 굽는다.

1
2
3
4
5
6

French jam pie

프렌치 잼 파이

우리에게 아주 친숙한 모양의 파이입니다. 만드는 방법이 아주 쉬워
시판용 잼으로도 충분히 만들 수 있어요. 파이에 잼을 넣어 구울 때는 수분이
적은 잼을 사용하는 것이 좋아요. 수분이 많은 잼을 넣으면 파이가 구워지면서
쉽게 눅눅해지기 때문이지요. 수분이 많은 잼만 있을 경우 냄비에 끓여 수분을
날린 후 사용하면 오랫동안 바삭하게 파이를 즐길 수 있습니다.

약 6개 분량

일반적인 파이 반죽(폭 36cm, 길이 17cm, 두께 5mm) 1장,
라즈베리 페팽127P 참고·설탕 적당량

1 반죽을 4.5×8cm 크기로 재단한다.

2 설탕을 고루 묻히고 오븐 팬에 간격을 넓게 벌려 패닝한 뒤 피케한다.

3 180℃로 예열한 오븐에 약 15분간 굽는다.
   Tip 잼의 당도가 높을 경우 쉽게 타기 때문에 오븐 온도를 170℃로 낮춰
   10~12분 정도 굽는 것이 좋다.

4 올라온 부분을 살짝 누르고 라즈베리 페팽 또는 원하는 잼을 얹어
   다시 오븐에서 약 5분간 굽는다.

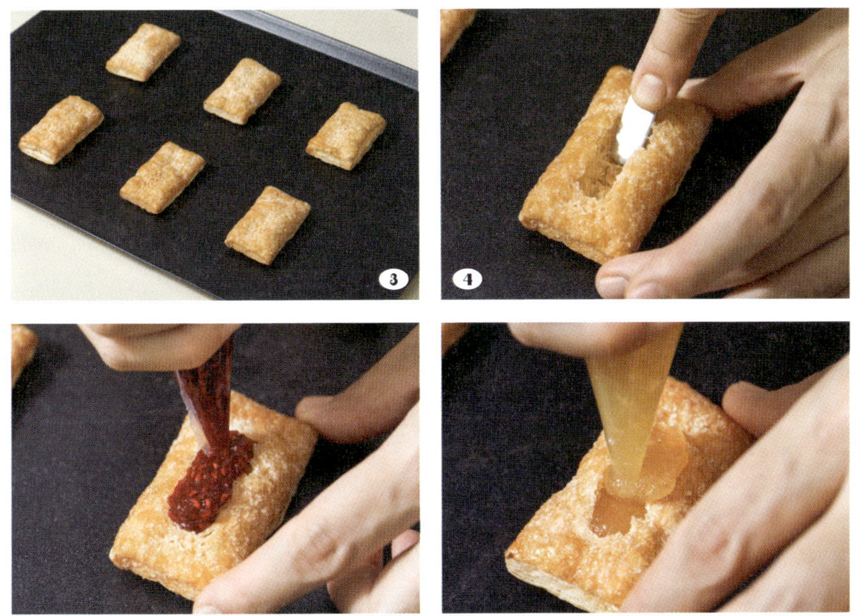

Part 2

Cheese, honey, fruit
고르곤졸라 치즈와 꿀, 배, 무화과

책을 쭉 읽다 보면 파이를 성형하는 것이 어려워 엄두가 나지 않을 수도
있습니다. 이 파이는 파이지 하나만 있으면 집에 있는 재료로 간편하게
만들 수 있다는 것을 알려드리고 싶은 마음으로 준비했어요. 배와 무화과가
아니더라도 사과나 감, 천도복숭아처럼 과육이 단단하고 수분이 적은 과일을
사용하면 좋아요. 꿀 대신 설탕을 겉에 가볍게 뿌리거나 버터를 잘게 잘라 과일
사이사이에 넣어주면 버터의 진한 풍미가 매력적인 파이를 만들 수 있고요.
시판용 파이 생지를 이용하면 더 간편하게 만들 수 있습니다.

(1개 분량)